MÉMOIRES

D'UNE CRÉOLE

DU PORT-AU-PRINCE

(ILE SAINT-DOMINGUE).

Imprimerie de FÉLIX MALTESTE et Ce, rue des Deux-Portes-St-Sauveur, 18.

CHAMPIN

BEST.LELOIR.HOTELIN.REGNIER.

Golfe de Naples.

MÉMOIRES

D'UNE CRÉOLE

DU PORT-AU-PRINCE

(ILE SAINT-DOMINGUE).

PARIS,

À LA LIBRAIRIE-PAPETERIE, 19, RUE DE GRAMMONT,

ET CHEZ L'AUTEUR, 68, RUE NEUVE-DES-MATHURINS.

1844.

MÉMOIRES D'UNE CRÉOLE

DU PORT-AU-PRINCE

(ILE SAINT-DOMINGUE).

> N'êtes-vous pas tout puissant, ô mon Dieu,
> et votre main n'a-t-elle pas le pouvoir de
> guérir toutes les maladies de mon âme?
> *(Confessions* de SAINT AUGUSTIN.)

A Monsieur Champin.

MONSIEUR ,

En vous priant de joindre une page de votre beau talent à ces Mémoires, c'est vous demander un témoignage de votre amitié et vous en offrir un de ma haute estime.

En vous guidant dans sa composition, c'est enchaîner l'essor de votre imagination; veuillez m'excuser en raison de l'attachement que j'ai pour votre charmante femme, avec laquelle je suis liée depuis trente ans. Je l'accueillais, dès son enfance, d'une amitié de mère, elle y répondait en bégayant *amie :* sa fille m'appelle de même comme d'inspiration.

Veuillez donc, de votre pinceau, retracer la mer de Naples, sa montagne fumante et la tombe d'un Français, portant les noms de Théodore-Charles Mozard, rédacteur de la *Gazette* et imprimeur du

Roi au Port-au-Prince (île Saint-Domingue), ancien consul de France aux quatre états de la Nouvelle-Angleterre, à la résidence de Boston. Né à Paris, en 1755, mort à Naples, en mars 1810. Sur cette pierre sans monument, placez une croix; sa fille ne put veiller à ce pieux devoir.

LAURETTE-AIMÉE MOZARD.

MÉMOIRES D'UNE CRÉOLE

DU PORT-AU-PRINCE

(Ile Saint-Domingue).

—◦—

PREMIÈRE PARTIE.

―――――

MON ENFANCE.

I

Mon père, Théodore-Charles Mozard, est né à Paris en 1755, le deux février, dans la paroisse St-Eustache. Il était le plus jeune de cinq enfans, trois fils et deux filles, pour l'éducation desquels ses parens firent tous les sacrifices possibles. Son père était natif du village d'Athis, situé près de Petit-Bourg; quand il se maria, le roi Louis XV lui fit une pension pour avoir servi comme officier dans sa maison ; à sa demande ,. cette pension fut placée sur la tête de sa femme qui était plus jeune que lui. Ils prirent un hôtel meublé à Versailles. Sa mère, née Chouquet, picarde, à ce que je crois, fut élevée par M. le curé de Montmartre, dont elle était la parente ; ayant reconnu dans son fils Théodore d'heureuses dispositions de cœur et d'esprit, elle désirait le faire prêtre. Caressant et espiègle, il promettait à sa mère de faire tout ce qui lui serait agréable, quand l'âge serait venu d'être ecclésiastique ; en attendant, il obtenait d'elle de l'argent qu'il employait à courir les théâtres, amusement dont il était fou. Ensuite, sa jeune tête médita de s'embarquer sur mer. Un beau jour, ayant un petit habit neuf, et s'étant ménagé quelques menues monnaies, il s'achemine à pied vers le Hâvre, il se cache dans les ballots d'un navire prêt à mettre à la voile, et découvert, il est renvoyé à ses parens. Sa mère, pour le punir, le mit en apprentissage chez un graveur ; plus tard il fut rappelé dans sa famille, et on lui donna, ainsi qu'à ses frères, un précepteur instruit, mais sévère. Trouvant de la dureté dans le maître et après s'être fortement appliqué à ses études, il déclare à sa famille qu'il veut aller tenter la fortune en Amérique. La sœur de sa mère, épouse de M. Le Jeune, secrétaire du duc de Benthem, lui facilite son passage à Saint-Domingue, avec des lettres de recommandation. Il débuta par être précepteur ; ayant l'esprit vif, beaucoup d'instruction, faisant des vers, il trouva facilement des protecteurs dans la colonie. Il était observateur, original et indépendant; peu flatteur, quoiqu'aimable avec les gens de mérite et de naissance; il avait une galanterie passionnée et respectueuse pour les femmes. Depuis lors, il fit son chemin dans la vie sans être à charge à sa famille envers laquelle il se montra même généreux; sa mère a trouvé en lui ce cœur de fils dévoué, devinant tout ce qui flatte et soulage. Tant qu'elle vécut, son fils Théodore fut sa protection et sa gloire. Son père, en perdant sa vertueuse épouse, perdit la pension placée sur sa tête; il fut obligé d'avoir recours à ses enfans; mon père fut le seul dont il reçut une pension jusqu'à la fin de ses jours. J'ai la bénédiction écrite de la main de mon grand-père, où il reconnaît que son fils Théodore est le seul de ses enfans qui l'ait aidé, et qui, malgré la ruine de Saint-Domingue, n'ait pas cessé ce secours à sa vieillesse.

Avant de parler de ma naissance, je dirai quelques mots sur chaque membre de la famille de mon père. Sa tante, madame Le Jeune, vivait à Fontainebleau d'une manière honorable; elle n'eut jamais d'enfans; son mari, qui était allemand, partagea son affection entre sa famille et les neveux de sa femme. Madame Le Jeune avait beaucoup d'esprit naturel et un excellent cœur, mais elle était d'un caractère impérieux et violent. Elle fut la voie par où chaque enfant de mon grand-père arriva à trouver des protections parmi la haute noblesse du royaume. La famille Mozard, dans ses branches même éloignées, était reçue chez elle. Ses neveux s'y réunissaient aux jours de fêtes; elle était heureuse de se voir à une grande table où régnait l'abondance, où chacun ne mangeait jamais assez à son gré. Ce n'était pas ostentation, mais véritablement ce lien de famille qui fait pardonner des fautes aux enfans prodigues, dans l'espoir que l'avenir viendra les réparer. Chez elle, mon père était l'enfant gâté comme il était aussi le Benjamin de sa mère. Sa ressemblance avec sa tante, n'étant beaux ni l'un ni l'autre, établissait une sympathie dont leurs belles âmes étaient la vraie cause; se querellant souvent par leur mutuelle sincérité, se rapprochant ensuite plus intimement par l'estime qu'ils avaient l'un pour l'autre.

L'aîné de mes oncles, Jean-Alexandre, choisit la carrière des douanes, il y débuta à Nantes.

Mon père, rédacteur de la *Gazette américaine*, vint en France solliciter la place d'imprimeur du Roi au Port-au-Prince; l'ayant obtenue, il retournait à Saint-Domingue par Nantes, et il s'y arrêta en raison des vents contraires.

Pendant le séjour forcé qu'il y fit, il rencontra des dames anglaises, réfugiées dans cette ville par suite des mauvaises affaires de leur époux et père, M. Richard, banquier à Londres. La jeune per-

sonne, mademoiselle Jenny, était charmante de
figure et d'esprit; elle chercha à captiver mon père
pour s'en faire épouser : paroles et sermens d'amour
furent prodigués de part et d'autre comme gages
de leur union, aussitôt que la nouvelle maison où
allait s'établir mon père serait digne de recevoir sa
future épouse. Il part, recommandant ces dames à
son frère, pour qu'il les promenât et les entretînt
dans leurs bonnes dispositions à son égard. Glorieux et confiant dans les preuves de tendresse ob-
tenues de son amante, mon père s'embarque, espérant trouver à son arrivée des lettres remplies de
protestations de fidélité et d'impatience de la voir
couronnée. La lettre qu'il reçut peu de temps après
son retour fut un billet de faire part du mariage
consommé entre mademoiselle Jenny Richard et
M. Alexandre Mozard. Mon père répondit à son in-
constante par ces vers de Voltaire auxquels il n'a-
jouta rien :

« Lorsqu'autrefois, au printemps de mes jours
» Je fus quitté par ma belle maîtresse,
» Mon tendre cœur fut nâvré de tristesse;
» Je détestai l'empire des Amours;
» Mais d'affliger par le moindre discours
» Cette beauté que j'avais encensée,
» De son bonheur oser troubler le cours,
» Un tel projet n'entra dans ma pensée.
» Gêner un cœur ce n'est pas ma façon;
» Que si je traite ainsi les infidèles,
» Vous comprenez à plus forte raison
» Que je respecte encor plus les cruelles.

» Il est affreux d'aller persécuter
» Un jeune cœur que l'on a su dompter.
» Si la maîtresse, objet de votre hommage,
» Ne peut pour vous des mêmes feux brûler,
» Cherchez ailleurs un plus doux esclavage:
» On trouve assez de quoi se consoler ;
» Ou bien buvez, c'est un parti fort sage. »

Mon père ne rompit pas avec son frère ; mais il resta toujours froid, quoiqu'obligeant, le désignant à ses amis et à sa fille comme un homme indélicat.

Le second de mes oncles était Louis-Maximilien, vulgairement appelé *Cadet*. Il était d'un excellent naturel, bel homme, mais ayant l'esprit fermé aux belles-lettres. Il ne se sentit de goût que pour l'office ; nouveau Vatel, sa vocation fut l'art culinaire. Attaché au prince de Soubise (ou de Condé), il le suivit aux États en Bretagne et dans le Levant. Là, il courut le danger du supplice qu'entraînait la séduction d'une femme musulmane. Plus tard, il se maria en France avec une demoiselle de bonne famille du Maine. A la révolution, il éleva un café à Paris, où il ne fit pas de bonnes affaires. Il y entama la dot de sa femme qui était riche. Il voulut aller en Amérique pour y réparer la fortune dont il avait été mauvais gérant; mais cette digne épouse voulut absolument l'y suivre, réalisant tout ce qui lui appartenait pour le risquer ensemble en spéculations commerciales. Ils élevèrent une boulangerie à Philadelphie. Ils furent ruinés de nouveau dans la banqueroute de M. Homassel, parent de ma tante Jenny Richard, femme de l'aîné de mes oncles. Mon père, alors consul à Boston, leur prêta dix mille francs pour faciliter l'établissement d'une distillerie aux Cayes, où ils allèrent se fixer. Ma tante y mourut de saisissement étant à son âge critique par l'effroi que lui occasionna une insurrection de noirs. Mon oncle lui donna de sincères et vifs regrets. Il se remaria avec une créole de Saint-Marc, veuve de M. L'Espessaille, distillateur. Mon oncle Maximilien n'avait jamais eu d'enfant de sa première femme qui était ma marraine. Peu de temps après son second mariage, une recrudescence de révoltés le força d'évacuer les Cayes. Depuis lors il ne donna plus aucune nouvelle.

Julie, l'aînée des filles, sœur bien-aimée de mon père, protégée par madame Le Jeune, se fit un bel état dans la dentelle. Elle était pieuse, janséniste zélée, donnant à la prière et aux saints offices tout le temps que lui laissait de libre son ouvrage. Elle fixa les vœux de M. Bellevraie, écuyer de la reine, qui la demanda en mariage et l'obtint. Mon père avait alors douze à treize ans ; il passait tous les dimanches chez M. Bellevraie. Julie devint grosse, fit une chute et une fausse couche. Cet événement, tout malheureux qu'il était, ne paraissait pas devoir être funeste. Mon père vint le dimanche matin comme de coutume ; voyant exposées une bière et ses draperies funèbres, il demande qui est mort dans la maison. On lui répond : *C'est votre sœur !!* Il tomba sans connaissance et y resta plusieurs heures. Dans leurs conversations intimes avec Julie, ils s'étaient promis que celui des deux qui devancerait l'autre auprès de Dieu viendrait révéler ce secret de la mort que n'enferme pas tout entier la tombe. Mon père m'a souvent dit avec un pieux regret : *Je ne l'ai jamais revue !*

La mort de Julie eut pour cause sa modestie, qui ne lui permit pas de consentir à prendre un accoucheur. La sage-femme la délivra mal, ne s'apercevant pas qu'elle laissait une portion du délivre. M. Bellevraie était bourguignon.

Félicité, sœur cadette, était belle et gracieuse ; mais elle eut tout le malheur de la famille par défaut de conduite. Elle prit l'état de modiste. Un magasin fort achalandé, rue de l'Ancienne-Comédie, fut acheté par madame Le Jeune, qui l'y établit.

L'amitié de M. Babille, alors avocat, avec mon père, date d'une liaison amoureuse qu'il eut avec une demoiselle de comptoir de chez ma tante ; cet établissement se fondit sans profit pour la pauvre Félicité, qui fut la dupe d'un médecin, lequel, après lui avoir tout mangé, l'abandonna. Elle mourut misérablement. Les droits de notre famille dans la succession d'Aiguillon, redevable à celle de ma tante Le Jeune, ont été longtemps retardés à cause du prêt fait à Félicité.

Roquelaure Mozard, établi à Athis (cultivateur),
est le père de ceux des Mozard nos cousins employés à la Monnaie. L'un d'eux fit sa fortune dans
une papeterie en gros, rue des Lombards : quand
il se retira du commerce, il acheta l'hôtel de Biè-
vre. Sa femme, bonne et spirituelle, appela cette
maison, qui se compose de petits loyers : *l'hôtel
aux Puces*, parce qu'on n'y logeait que des mar-
chandes étalant au Temple. Un autre Mozard, aussi
notre cousin, établi riche cultivateur à Montreuil,
est l'auteur d'un ouvrage d'horticulture sur les
pêchers, ouvrage couronné par l'Académie en
1817. Mademoiselle de Thioux, nièce de ma grand'
mère Chouquet et de madame Le Jeune, a été vingt-
trois ans attachée à madame la duchesse de Noailles
en qualité de première femme. A la révolution,
elle épousa M. Grilliet, parisien rentier. Sa sœur,
madame Boitel, eut deux filles et un fils. Ce dernier, à la conscription, servit dans le corps des
gendarmes ; sa bonne conduite le fit distinguer :
il pouvait passer officier ; mais la modicité de sa
fortune lui fit obstinément refuser un grade qu'il
ne pourrait pas soutenir honorablement. Cette
branche de ma famille est établie à Villers-Ver-
mont, près Gournay, en Bray.

J'arrive à ma naissance.

Je suis née le 17 août 1788, au Port-au-Prince,
île Saint-Domingue. Mon père y était rédacteur de
la *Gazette américaine* et imprimeur du Roi. Je vins

au monde à six heures du soir; un ouragan des plus désastreux exerçait ses fureurs dans la ville et sur le port. Mon père, par cette circonstance et en raison de ma vivacité, m'appelait *son petit ouragan*.

Je fus la seule distraction de sa vie occupée. Travaillant tous les matins à l'intendance avec M. de Barbé-Marbois, qui y était intendant, il m'emmenait, portée dans les bras de ma négresse, et je jouais avec sa fille qui était à peu près de mon âge. Mon père ne voulut jamais que je connusse la gêne d'un maillot, et je n'eus pas d'autre lait que celui de ma mère. Au dessert de chaque repas, j'étais posée sur la table, nue et libre comme une élève de la nature. Timide et volontaire tout à la fois, un regard de mon père était un ordre auquel je ne désobéissais jamais. Dès mes deux premières années, j'eus la petite vérole et une dyssenterie : je fis une chute qui m'ouvrit la tête et y laissa une place sans cheveux. Mon père fut mon seul médecin.

Un colon, semblable au curé de village, ne doit rien ignorer des prompts secours à administrer en cas d'accident, parce que les ressources du dehors manquent presque totalement.

Mon père réunissait à la rédaction de la gazette et aux imprimés du gouvernement un magasin de librairie et de papeterie considérable. Il imprima des statistiques remarquables comme tableaux d'économie rurale et commerciale. Son journal avait une vogue de besoin et d'estime dans toute l'Amérique. Ce qui le mit en correspondance avec tous les gens de lettres, et le fit en outre recevoir membre de la Société royale des sciences et des arts du Cap français et autres coopérateurs, et de la Société d'histoire naturelle de Paris et philosophique et de Philadelphie.

Anne Veillaton, ma mère, née à Dijon, de Pierre Veillaton et de Jeanne l'Abbé, tapissiers brocanteurs établis à Paris, était très jolie et avait de l'esprit naturel; elle s'était instruite dans la société de mon père. Sa taille était de cinq pieds, parfaite dans ses proportions. Sa tenue française, toujours corsée, était souple et aisée comme celle d'une dame créole.

Un soir, mon père lui dit : « Anna, nous aurons » ce soir à souper le père Duguet (préfet aposto- » lique) et notre ami Wante (membre du conseil su- » périeur du Port-au-Prince, depuis membre de la » cour des Comptes à Paris, directeur de l'Opéra, » enfin chef des bureaux de la liquidation de l'in- » demnité de Saint-Domingue); je te présente à » eux, comme l'épouse à laquelle la religion me » liera d'ici à peu de jours. Je suis père, et je veux » donner mon nom à ma fille. » Ma mère émue tomba dans ses bras en s'écriant : tu es si bon, mon cher Mozard ! Voilà comment je devins fille légitime. J'avais été ondoyée à ma naissance pour recevoir le baptême en France, où mon père devait me don-

ner un parrain. C'était M. Babille qui avait accepté
ce titre. La cérémonie du mariage de mon père et
de ma mère se fit à l'église, le 11 avril 1790, en
présence de messieurs F. Allemand, Sentout, Bru-
neau de la Roque, S.-M. Saladin, Wante, Ard.
Dadin et Fr. Ménétrier, premier vicaire.

Ma mère donna le jour à un fils qui fut ondoyé
sous les noms de Henry-Charles; il était au sein,
lorsque tout-à-coup on apprend que mon père est
veuf et que sa femme s'est empoisonnée. Est-ce par
accident, est-ce avec le dessein de se donner la
mort? Elle mourut dans les bras de son époux,
après deux jours d'horribles douleurs, pendant
lesquels tous les secours furent vainement prodigués. Elle était à peine âgée de vingt-sept ans! Mon
père, accablé de chagrin, renonça à faire le voyage
de France pour lequel il avait obtenu un congé d'un
an, laissant la rédaction de son journal à M. Huard
le jeune, et sa procuration à son épouse; sa santé
très altérée lui avait fait désirer du repos et l'air de
sa patrie. Devenu veuf, il fut forcé de reprendre
par lui-même son poste et la tenue de sa maison.

II

Mille intérêts qui excitent toutes les sympathies d'un cœur français enivraient, troublaient la colonie, car ils se rattachaient à la nécessité d'une constitution. Les honnêtes gens s'enflammaient d'enthousiasme ; la cupidité s'éveilla seule dans le cœur des lâches. L'abolition de l'esclavage, élan généreux qui animait la France, avait son foyer à Saint-Domingue. On voulait qu'elle eût pour base de sages lois ; l'anarchie sonna le tocsin, et le feu fut mis à la ville du Port-au-Prince.

Voici des vers que je crois de mon père, insérés sans nom d'auteur dans sa *Gazette* du 16 avril 1791.

2

POÉSIE AU PEUPLE.

Placé loin des grandeurs par la suprême loi,
Peuple, j'ai vu tes maux, j'ai gémi comme toi.
Sous le joug trop longtemps j'ai vu courber ta tête;
J'ai pleuré sur tes fers, je bénis ta conquête.

Ne crois pas cependant qu'aigrissant tes douleurs,
J'aille de tes tyrans rappeler les noirceurs.
Mon pinceau se refuse à retracer des crimes.
Des mortels abhorrés ont été tes victimes;
Le plus juste courroux avait armé ton bras,
Et le désespoir seul t'entraînait aux combats.
Mais lorsque ton courage a vengé tes misères,
Quand la loi te promet des destins plus prospères,
Peuple, abjure à jamais la haine et la fureur.
Si tu fus opprimé, ne sois pas oppresseur.
Apprends à tes rivaux, qui ne sont plus à craindre,
Que tu sus les dompter, mais que tu sais les plaindre;
Montre-toi généreux quand tu les as soumis!
Ils furent tes tyrans, ils seront tes amis.
Jouis en paix des biens qui pour toi vont éclore.
Déjà la liberté, si douce à son aurore,
Te prépare des jours plus purs, plus glorieux.
Agir, penser libre, c'est être égal aux Dieux.
Par quel aveuglement, par quel fatal système,
L'homme en forgeant ses fers s'avilit-il lui-même?
La force et la puissance et le glaive des lois,
Il abandonne tout aux ministres des rois.
D'un pouvoir chimérique esclaves imbéciles,
Les peuples chaque jour cruellement dociles,
Dirigeant follement leur courroux et leurs bras,
Pour l'intérêt d'un homme écrasaient des états.

Le jour de la raison éclaire enfin la terre.
Les caprices d'un seul ne feront plus la guerre.
Un arrêt éternel bien consolant pour toi
Soumet le peuple au prince et le prince à la loi.
Parmi les hommes vois l'égalité renaître ;
Non, cette égalité plus fatale qu'un maître,
Fille d'un sot orgueil qui place aux mêmes rangs
Le crime et la vertu, l'intrigue et les talens,
Mais ce droit qu'en naissant nous donne la nature,
Qui du bonheur public est l'utile mesure ;
Qui juge les humains sans faveur et sans choix,
Et met chaque sujet sous la garde des lois.
Conçois un noble orgueil ; ton sort est ton ouvrage.
Un moment t'a vengé de mille ans d'esclavage.
Un moment t'a rendu ta gloire et ton éclat :
Tu nommes, tu choisis les guides de l'État.
Redoute cependant l'excès de la puissance,
Fier de la liberté, repousse la licence.
Quel droit est plus affreux que le droit du plus fort?
Songe qu'il fut longtemps l'arbitre de ton sort ;
Qu'il te donna des fers, et que ce droit horrible
Prépare aux oppresseurs un châtiment terrible.

Désormais tu vivras d'écueils environné,
Malheureux par toi-même ou par toi fortuné.
Prends sur tes passions un souverain empire.
Qui se laisse émouvoir peut se laisser séduire.
Des ennemis secrets, déguisant leur fureur,
Flatteront tes penchans, pour égarer ton cœur.
Reconnais à leurs soins le désir qui les presse,
Brave qui te menace et fuis qui te caresse.
D'autres plus dangereux égareront ta foi ;
Interprètes sacrés du ciel et de sa loi,
Mais esclaves pourtant des passions humaines,
Ils feront de ton Dieu l'instrument de leurs haines.
N'as-tu pas vu déjà la superstition

Fomenter la révolte et la division.

Des prêtres égarés désignaient les victimes;

Des soldats citoyens ont arrêté ces crimes,

Et marchant en vainqueurs au secours de nos lois,

Du fanatisme aveugle ont étouffé la voix.

Ainsi d'un zèle faux crains les perfides trames ;

Redoute encor pour toi l'or qui corrompt les âmes,

L'ambition avide et ses lâches appas;

Qui brigue les honneurs ne les mérite pas.

Distingue les talens et la vertu timide;

Si ton bonheur te ment, que la raison te guide ;

Qu'un éclat emprunté ne fixe plus tes yeux.

Exige des vertus et non pas des ayeux.

De ton pouvoir enfin entretiens l'équilibre,

Mais respecte les lois si tu veux être libre;

Sans elles sur la terre il n'est rien de sacré ;

Le mérite est proscrit, le crime est honoré,

La vertu chaque jour est en butte aux outrages.

Près de toucher au port, crains encor les orages.....

Non, ne redoute rien ; regarde autour de toi :

Qu'y vois-tu? des égaux, un honnête homme roi;

Consacre avec transport, bénis la bienfaisance

De ces mortels sacrés idoles de la France :

Philosophes profonds, hardis législateurs,

Dédaignant fièrement d'importunes clameurs,

Au choc des intérêts opposant leur courage,

Ils ont pour l'univers composé leur ouvrage.

Tous les peuples déjà s'indignant de leur sort

Veulent briser leur joug ou demandent la mort.

Des droits sacrés de l'homme ils réclament l'usage.

De ses longs préjugés le monde se dégage.

Déjà ce peuple esclave, enfans de Romulus,

Rappelle dans son cœur les vertus de Brutus.

Au bonheur comme nous l'Espagnol veut renaître;

Le Divan effrayé ne parle plus en maître.

L'Anglais même s'agite et s'étonne aujourd'hui

De nous trouver plus grands et plus libres que lui..
La France au despotisme a déclaré la guerre,
En s'éclairant enfin elle éclaire la terre.
Ainsi, lorsque le Dieu qui préside aux saisons
A rougi l'orient de ses premiers rayons ;
Soudain le feu s'accroît, et sa vive lumière
S'étend en un moment sur la nature entière.

Le Français du Port-au-Prince fut couronné le premier de l'auréole du martyre à la révolution. Uni, par une sorte d'attraction, à son roi et à la métropole, il servit de signal et d'escorte à leur malheur providentiel. La croix sur laquelle tant d'innocens périrent s'inclina d'abord sur ma patrie. Nous fûmes enlevés de notre doux berceau dont la natte fut livrée à l'enfant adultérin; le roseau de miel n'approcha plus de la bouche du réfugié.... Ismaël bannit Sara privée d'époux et de fils. C'est le mulâtre, né de la négresse et du colon, qui alluma l'incendie pour s'assurer l'héritage en tuant et en ruinant l'héritier légitime. Mon père sauva des flammes ses livres de commerce et ses papiers de famille qui furent déposés à l'intendance. Ses magasins furent entièrement consumés; il fit jeter dans le puits tous les caractères de son imprimerie, ils s'y fondirent par la violence du feu. Connu pour être royaliste, il courut le danger d'être immolé. Ayant un passeport, il donna sa procuration à un nommé Barbot à qui il confia mon petit frère et sa nourrice, ainsi que les nègres et les meubles de l'habitation près de la ville. Il s'embarqua, ayant très peu d'argent, m'emmenant avec lui et une jeune négresse pour me soigner, puis quatre esclaves pour les vendre à la Guadeloupe. Voilà les ressources qui l'ont conduit en France.

Enlevée avant l'âge de trois ans du pays où je reçus la vie et les premières impressions de l'atmosphère, ces années se sont presqu'effacées de ma mémoire, c'est d'elles cependant que je tiens mon tempérament. Je suis Française, née à la Colombie.

Ce beau pays, comme une île aimantée, attira Christophe Colomb dans son port; lui et ses compagnons y furent reçus comme des dieux. Ces hommes généreux et pacifiques, de couleur européenne, dépouillèrent les temples de l'or qui n'était estimé d'eux que pour orner les autels de leurs divinités; en dépouillant les objets de leur culte, ils ne purent rassasier les désirs de pareils hôtes qui demandèrent à connaître les endroits où se ramassaient les parcelles de ce brillant métal. Bientôt ces cruels oppresseurs les enterrèrent vivans dans les ruines pour l'arracher des entrailles de la terre : pas un seul rejeton de ces antiques peuplades n'échappa à ses bourreaux. Cette tache est marquée en caractères de sang sur la conquête du grand homme qui découvrit le nouveau monde (1). Ce fut sans doute un

(1) Car un général est responsable de la conduite de ses soldats.

arrêt de la justice divine qui fit qu'Americ Vespuce le nomma *Amérique* à son préjudice. Le créole français naît à Saint-Domingue sous l'influence de ces innocens martyrs : l'air qui vivifie sa riche végétation y plane sympathique. Son cœur est compatissant et impressionnable ; il est riche, fier et généreux. L'île Saint-Domingue, nommée la Colombie, est la *tombe d'Haïti.*

On a calomnié les propriétaires de Saint-Domingue en les accusant de cruauté envers leurs esclaves qui étaient la richesse du maître, et comme tels, étaient soignés et ménagés comme un bien de rapport. Il y a peu de Nérons qui se fassent un jeu de l'incendie de leur empire. Le nègre est paresseux et voleur (1) ; on le battait quelquefois ; mais en France, ne battait-on pas les écoliers ?

Le mulâtre, né du blanc et de la négresse affranchie, était la majeure partie du temps fils adultérin et possédait ainsi de riches habitations : il avait des esclaves contre lesquels il se vengeait du préjugé qui, sans lui ravir le droit de possesseur, ne lui donnait pas celui de se couvrir le chef devant les blancs. Ceux-ci, souvent gens sans aveu, inondaient la colonie ; vivant au moyen de l'hospitalité qui s'exerçait par toute l'île et dont ils abusaient avec arrogance chez l'homme de couleur. Après

(1) Mon père m'a dit avoir surpris plusieurs de ses nègres ramassant avec les doigts de leur pied un objet qui excitait leur convoitise, et le portant par derrière à l'un de leurs mains.

s'être fait servir en maîtres, ils quittaient cette auberge gratuite sans remercîmens et sans ce tribut de politesse qu'on accorde même au mendiant à qui on fait l'aumône. Ce sont toujours les aventuriers qui amènent les convulsions révolutionnaires, voulant comme les frêlons vivre aux dépens des abeilles. D'un autre côté, les dames créoles, humiliées dans leur droit comme épouses, par le luxe et l'impudicité des mulâtresses, *femmes publiques*, voulurent une marque distinctive qui les plaçât sur un autre niveau que ces courtisanes. On rendit au Cap une ordonnance qui défendait à cette classe avilie de porter des souliers. Alors elles parurent en sandales, des diamans aux doigts des pieds.

Ainsi les bâtards enrichis aux dépens de l'épouse voulurent de vive force légitimer leur sang et acquérir le droit de citoyen sans l'obtenir par des lois auxquelles on travaillait avec autant de justice que de générosité. Le feu et les assassinats leur assurèrent le sceptre sans libérer l'esclave.

De qui achète-t-on les nègres pour les exposer en marché public ? Des pères et des mères qui, semblables aux oiseaux du ciel quand ils ont élevé leurs petits, leur disent d'aller se bâtir un nid. Tous les peuples ont commencé ou fini leur éducation par la servitude. Voilà une anecdote arrivée à mon père : il acheta un jeune nègre nommé Isidore qu'il donna à ma mère pour son service particulier. Ce jeune homme se fit marron deux fois. Ramené pour la seconde fois, mon père le menaça du fouet s'il recommençait; il répondit qu'il se ferait marron derechef, quand il en trouverait l'occasion. Interrogé paternellement s'il avait quelques fortes raisons pour quitter la maison, si ma mère l'avait maltraité : Non, madame est bonne, mais je ne veux pas servir une femme; je servirai monsieur, s'il y consent, mais pas madame; j'ai juré de ne jamais servir de femme, parce que ma mère m'a vendu pour une cotte (cotillon). Mon père revendit l'esclave de manière à ce que son vœu s'accordât avec sa servitude.

Plus heureux que le garçon de ferme ou le domestique citadin, le nègre vieux et infirme était nourri sans rien faire; devenant inspecteur des jeunes, se reposant, chantant *bon calalou*; mangeant la patate, la banane et le maïs grillé. Le cimetière de l'habitation recevait sa dépouille mortelle, sur laquelle planaient la prière et la croix bénite, n'allant point chercher dans les bois son linceul et son champ du repos.

Je n'ai jamais entendu mon père se lamenter sur cette fatale époque de sa fuite de Saint-Domingue. Dans sa *Gazette*, il prouve qu'on lui devait beaucoup d'argent et qu'il n'avait pas de dettes, achetant tout au comptant sur le port. Si l'on pensait qu'il a payé ses dettes à la manière de certains émigrés, comme on m'en a fait la plaisanterie, je répondrais : que consul de la France à Boston, il était trop en évidence pour refuser de payer ses créanciers s'il en avait eu.

Riche par sa place, riche par la feuille estimée et répandue dont il était seul éditeur, riche jadis par ses magasins de librairie et de papeterie, ayant des terres et des esclaves, il s'embarque pour sauver la vie de sa fille ; lui sacrifiant d'immenses ressources qu'il aurait trouvées en restant à Saint-Domingue; car, qui pouvait prévoir les orages qui s'y accumulaient, et ceux plus horribles qui planaient sur la France? J'écris ces mémoires pour lui payer un tribut d'amour filial et par mes anecdotes d'enfant caractériser le genre d'éducation qu'il me donna.

Avant nos désastres, étant un jour dans les bras de ma négresse, je la battais, parce qu'elle s'était refusée de céder à un de mes caprices. Mon père me surprit et me dit sévèrement : Mimi (c'était mon nom d'enfant), je te défends de battre. Pendant la traversée, je jouais fréquemment avec un petit garçon, plus grand et plus fort que moi, qui me battait sans que mon père pût obtenir que les parens l'en corrigeassent. Impatienté de mes plaintes, et chagrin de me voir toujours revenir près de lui en pleurant, il me dit : Eh bien ! bats-le aussi puisqu'il te bat! Oh! non, petit papa, moi ne vouloir pas battre, toi le défendre à Mimi.

Le vaisseau nous débarqua à Liverpool. Dès les premiers jours, ma jeune négresse, nommée Marie, faillit me blesser en faisant trébucher une grande armoire; mon père la gronda sévèrement, et elle nous quitta pour aller retrouver le capitaine du vaisseau qui nous avait amenés, et qui, amoureux d'elle, devint le protecteur de ses quatorze ans.

On peut se figurer l'embarras de mon pauvre père ayant en garde un enfant si jeune, qui était accoutumée à être servie et amusée. Ce pauvre homme, accablé d'affaires, ne savait comment se débarrasser de moi quand il voulait sortir. Je me cramponnais à ses jambes, pleurant et criant : « Tu vas m'abandonner comme Maïs (Marie) ; moi, pas vouloir toi quitter moi. » Ce bon père avait beau me caresser, m'entourer des dames chez lesquelles il se logeait ; caressante et douce aussitôt qu'il me tenait dans ses bras, sauvage et révoltée aussitôt qu'il s'absentait, mon pauvre cœur était troublé dans toutes ses affections et dans ses habitudes : la mort récente de ma mère, l'absence de mon petit frère laissé à Saint-Domingue, plus de maison, plus de nègres quand jusqu'alors treize et quatorze m'entouraient de leurs soins, dans la privation de ces biens, la nature elle-même appauvrie ne m'offrait plus ni orangers ni cannes à sucre ; tout mon être s'attachait exclusivement à mon seul protecteur. Il me disait souvent : « Ma chère Mimi, tu m'as coûté bien cher ! » Alors, le flattant de ma bouche, de mes mains caressant ses deux joues, je voulais qu'il me dît combien d'argent je lui avais coûté : « *Mets en piles pour que moi save* (1), *sache.* »

Il faillit me perdre par accident sur la route de

____

(1) Expression créole ; mettre en piles, c'est compter par tas.

Liverpool à Londres. Couchée sur des oreillers dans la voiture de poste, elle s'ouvrit par un cahot qui éveilla mon père : il s'aperçut alors que la portière était ouverte et que nous étions sur une route étroite, bordée d'un précipice long de plus d'une lieue.

Mon père ne séjourna à Londres que le temps nécessaire pour recevoir des lettres de France. M. Babille l'assura que tout y était tranquille. Il s'embarqua à Douvres, et nous débarquâmes à Calais le 3 mai 1792.

Les affaires de la colonie étaient loin d'être désespérées. Mon père, jeune encore, n'ayant que trente-trois ans, venait à Paris réclamer une indemnité pour ses presses et régler ses comptes avec le gouvernement du Roi, pour lequel, comme imprimeur, il avait fait plus de vingt mille francs d'avances en impressions; ensuite il devait retourner à Saint-Domingue (n'ayant sur son passeport qu'un an de congé à partir du jour où il lui fut délivré) y reprendre sa place d'imprimeur du roi et de rédacteur de la *Gazette américaine*. Ses nombreux amis s'intéressèrent pour le remarier.

Madame D..., que sa beauté et sa noble tournure faisaient admettre à la cour, était retirée du théâtre; sa maison était le rendez-vous de la haute société anglaise et française. L'Opéra était à cette époque un lieu privilégié où trouvaient souvent un lieu d'asile les jeunes gens de famille qui ne déro-

geaient pas en y entrant. Ce préjugé ne tiendrait-il pas
au jeu des décorations figurant les sphères par des
êtres symboliques, système contesté par la nouvelle
philosophie, et qui met en action toute la religion
grecque, en conservant ainsi la lettre de l'ancienne
astronomie dans URANIE, l'une des muses du Par-
nasse? Louis XIV donna le titre d'ACADÉMIE à l'Opéra
qui, devenant le domaine des enfans d'Apollon, exerçait les facultés du corps et de l'esprit. A ce brevet
délivré à Lulli fut attaché le privilége de servir de
lieu d'asile à la jeune noblesse des deux sexes, qui
s'affranchissait ainsi de l'autorité paternelle *sans déroger*. Louis XIV, pour établir ce singulier code,
parut lui-même sur le théâtre de l'Opéra de Versailles. Cette mesure, si l'on y réfléchit, était un
aiguillon contre l'ignorance dont s'enorgueillissait
sa noblesse. Le grand roi établissait un pacte d'u-
nion entre elle et les artistes. M. Mario vient de
prouver que le privilége n'est point oublié.

Mon père, dans sa jeunesse, avait été chargé
de conduire en France de jeunes parentes à madame D.... Cette tutelle, dont il s'acquitta avec
une discrétion rare, lui ménagea l'amitié et la protection de plusieurs familles distinguées, les
Stainv..., M. le prince de Monaco. Madame D....
avait quatre enfans de deux lits, trois filles et un
fils. Elle offrit à mon père le choix parmi ses filles.
L'aînée, mademoiselle Georgette-Philippine, re-

çut la cour de mon père qui l'épousa dans les premiers jours de novembre 1792, an premier de la république française.

———————

III

Le Port-au-Prince seul avait été consumé ; le Cap
français (île Saint-Domingue), qui subit plus tard
le même destin, eut une année pour préparer ses
moyens de salut. M. Crevon, qui y était propriétaire, ami et correspondant de mon père, apprit les
malheurs qui l'avaient forcé à se sauver de la colonie et à venir en France ; il lui expédia en sucre
et café une somme dont il était son débiteur. Mon
père se rendit au Hâvre pour y négocier de cet envoi. La hausse des denrées coloniales lui fit faire
un gain considérable sur ce remboursement effec-
tué avec tant de probité : nous allâmes à sa rencontre Philippine et moi ; les diligences se croisè-

rent, se rencontrant ainsi sur la route ; nous emparant bien vite des places vacantes dans celle de mon petit papa, qui me coiffa d'un bonnet de Cauchoise, lequel me rendit bien contente, nous revînmes ensemble à Paris. J'avais été baptisée à Saint-Germain-des-Prés. Ma robe blanche et le petit sermon qui me préparait à cet acte religieux m'avaient impressionnée et me donnaient l'air d'une petite sainte. Il était rare à cette époque d'être baptisée si grande. Je pleurai de frayeur quand je vis les fonts baptimaux, croyant qu'on voulait me plonger tout entière dans l'eau. M. Laurent-Jean Babille fut mon parrain, que je nommais mon *payen*, et mon père, riant de mon patois créole, me disait : Mimi, embrasse ton *payen*, qui t'a fait chrétienne. Dès lors ce parrain et mon père concentrèrent toutes les affections de mon jeune cœur. J'aimais Philippine, mais je savais que j'avais eu une vraie mère qui m'avait nourrie de son lait. Quand j'avais été sage, on sortait une camisole qu'elle avait portée, et je la baisais ; mon père perdit son portrait, qui était dans son portefeuille avec une assez forte somme en assignats (il lui fut volé au spectacle); il en eut un extrême regret, prévoyant ceux que j'éprouverais plus tard de ne pouvoir retrouver les traits de celle à qui je devais la vie : regret immense, que je crus adoucir quand mon fils me rendit par sa bouche admirable de contour et de fraîcheur celle dont mon père m'avait tant vanté la perfection !

J'étais une enfant vraie et sensible, mais volontaire, c'est-à-dire que je n'obéissais aveuglément qu'à mon père ; aussi étais-je réprimandée par ma belle-mère, qui ne me grondait pas chez elle, mais qui faisait des rapports sur ma conduite quand elle était dans sa famille. Fausse méthode qui me blessait sans émouvoir ma sensibilité qu'elle aurait dirigée par un regard si elle avait été sincère dans son amitié pour moi : j'étais docile et caressante quand on était juste dans l'ordre qu'on me donnait. Je craignais horriblement sa tante (Mlle D...), faisant pipi dans mon fourreau quand elle me regardait *sérieusement.* Cependant cette crainte ne me faisait pas me soumettre à elle sans raison. Un jour, on lui raconta que j'avais eu le fouet, parce que Philippine avait fait manquer, je ne sais trop comment, une partie de spectacle. J'en étais très mécontente, car on me déshabillait au moment où je comptais aller à la comédie. Papa était sorti disant à ma belle-mère : Puisque c'est ainsi, je sors sans toi. Philippine m'ôte mon beau fourreau, ainsi que mon collier et ma belle ceinture ; moi je la gronde, disant : *C'est ta faute.* — Non, Mimi, cela n'est pas ma faute, *c'est celle de ton papa.* Alors je me révolte et lui réponds : Vous en avez menti, madame. Papa s'était arrêté derrière la porte, m'avait écoutée. Il rentre aussitôt et me donne quelques claques sur le derrière. Au récit que fait ma belle-mère du chagrin que j'avais eu, je surmonte la honte que je ressens d'être ainsi l'objet d'une révélation publique. Je me lève, je regarde tour à tour les personnes qui se trouvaient dans la chambre, et je dis d'un air contraint par les larmes qui remplissaient mes yeux et ma voix : *Eh bien ! oui, j'ai eu le fouet, mais petit papa m'a dit que c'était pour mon ben (bien)*.

Les visites dans cette maison me lassaient parce qu'elles se prolongeaient trop... je sentais que l'on n'y aimait ni mon père ni moi (1), et que lui-même blâmait sa femme d'y aller trop souvent, disant qu'elle y recevait des conseils contraires à ses intérêts et à la paix de son ménage, et puis à moi, on promettait toujours des joujoux qui, disait-on, emplissaient *une chambre d'en haut* où on ne montait jamais et dont on ne descendait jamais rien. Vos joujoux sont donc comme le baiser que Virginie donne à Paul : le vent l'emporte et je n'ai rien; cette jolie pièce était alors en vogue : Virginie souffle un baiser sur ses doigts vers Paul monté sur l'arbre. Ce baiser est ravissant de sympathie et de naturel. Je ne vois pas répéter (à Paris) ce geste toujours accompagné du mot : *joug (adieu en créole)*.

Les parens de ma belle-mère blessaient ma

---

(1) La mère de Philippine excepté, qui disait : il faut savoir prendre Mozard pour en faire ce qu'on veut, il a tant d'esprit et un si bon cœur !! si capable ! si généreux !!

vanité, disant sans cesse en me regardant : elle est laide, elle ressemble à son père ; mais comme elle a les yeux et la physionomie spirituelle, en grandissant elle sera mieux. L'enfant, par le terme laide ou jolie, entend le plus souvent sa parure ou sa bonne conduite ; mais la jeune fille apprécie le mot dans sa véritable acception ; elle regarde au miroir les traits de son visage, les contours de sa taille.... Le souvenir de ce propos m'empêcha, par la suite, de me faire illusion sur ma figure, disant, en m'examinant, je ressemble à papa !!! Lui, de son côté, se révoltait de la comparaison : elle a les yeux aussi expressifs ; mais bien plus grands que moi ! la bouche plus mignonne...

Au dix août nous allâmes à Fontainebleau, chez madame Le Jeune, tante de mon père, parce qu'il prévoyait qu'il y aurait des troubles à Paris pour y ramener Louis XVI qu'on forçait à quitter la résidence de Versailles pour habiter le château des Tuileries. Quand nous revînmes après trois jours pendant lesquels je m'étais fort amusée, ayant beaucoup promené dans les bois, mangeant du lait caillé et cueillant des fleurs et des fraises (il n'y a pas de fraises à Saint-Domingue, non plus que de cerises, de framboises et de groseilles), on montrait à Paris des têtes sanglantes au bout des piques, et on cassait les niches des saints dans les rues. Je vis papa effrayé et je pleurai !

Nous logions rue Sainte-Anne, section de la butte

des Moulins. Nous avions pour portier un sans-culotte, cordonnier, grand orateur, espèce de tribun populaire. Je manquai de faire porter mon père sur la fatale liste. (Tous les matins on criait la liste, c'est-à-dire les personnes condamnées à la mort.) Répondant un matin à M. Bonbon apportant le journal et avec lequel il m'était recommandé d'être polie et caressante, qui, ce jour-là, me vit les yeux rouges, me demanda : qu'as-tu, Mimi? J'ai pleuré ce matin, citoyen, parce que petit papa a pleuré, disant : on va tuer le roi ! Faut-il, s'écria mon père quand son portier fut parti, ayant bu la goutte et fraternisé à la table où nous déjeunions, que nous soyons arrivés à l'époque de ne pouvoir pleurer devant notre enfant sans compromettre notre vie !

Les inclinations de Bonbon n'étaient pas sanguinaires : il était parleur et très influent dans sa section. Mon père sut diriger cette tête bouillante et sauva la vie et fit rendre la liberté à plusieurs personnes considérables en gratifiant son portier de denrées coloniales fort chères à ce moment.

Mon père m'écrivit de Naples en 1807.

« Pendant la terreur j'ai sauvé la vie à madame
» la marquise de Chastellux et à son aimable fils.
» Elle est parente de M. de Ségur, grand maître
» des cérémonies de l'empereur des Français. Je

»joins ici la lettre originale (1) qu'elle m'a écrite,
» après que je l'eus fait sortir de prison où elle
» était avec son fils chez Belhomme, geôlier de la
» prison, rue de Charonne. Elle en sortit, mais
» pour aller donner quelques soins à ses affaires et
» faire lever les scellés apposés chez elle, dont je
» lui avais remis la mainlevée; elle retourna chez
» Belhomme reprendre sa chambre; mais comme
» pension, libre de sortir quand il lui plairait. Elle
» y retournait pour faire compagnie à madame la
» duchesse d'Orléans, son amie, qui était enfermée
» dans la même prison et que je ne pus faire sortir,
» malgré les instances que me firent cette respectable
» princesse et madame de Chastellux. Je ne le pou-
» vais sans me perdre. Je ne pus qu'adoucir un
» peu son sort. Ses fils que j'ai vus à Boston, étant
» consul, pour le passeport que je leur signais, etc.,
» etc. etc ?... »

La ruine de Saint-Domingue et la révolution
française qui l'avait suivie comme l'étincelle électrique, avaient enlevé à mon père ses places et sa fortune : ayant un enfant il devait penser à sa conservation tout en aidant ses concitoyens dans ce qui
pouvait dépendre de lui. Il répétait souvent alors :
honnêtes gens, restez à vos postes, défendez-vous
contre les lâches qui veulent abuser du mot de liberté. Il y avait, en effet, de la lâcheté à déserter :
si chaque chef de famille était resté en France,

(1) Étant sous le couvert de M. Babille il l'aura gardée.

décidé à défendre ses foyers et sa religion, plus d'un Léonidas aurait empêché qu'une poignée de gens payés par l'étranger ne la couvrît du sang généreux respecté jusqu'alors à l'égal de celui des pères et mères. Une panique saisit la France parce qu'elle vit ses enfans s'isoler les uns des autres, oubliant le faisceau sacré offert en exemple par La Fontaine : « Restez unis, vous serez forts. » Le titre de patriote est celui de défenseur des lois, celui de citoyen, de conservateur du territoire. Et comme le disait Xénophon : « Une terre inspire toujours du courage au possesseur. » Mais les exagérations révolutionnaires lui ont fait perdre son prestige ; au lieu de la gloire nationale, on a encensé comme idoles ceux qui enivraient le peuple par de téméraires conquêtes.

Si mon père avait pu prévoir les malheurs de la France, il ne se serait pas remarié. La famille de sa femme l'inquiéta afin d'éluder une clause du contrat de mariage pour la faire tourner à l'avantage du fils unique. La paix du ménage en fut troublée, les querelles de l'intérieur, unies aux désordres de l'état, rendirent insupportables à mon père les chaînes conjugales. Le divorce fut décrété et il en profita pour éviter un procès qui aurait privé d'une famille celle dont il ne devait plus être le protecteur ; car nommé consul à Boston (1), il ne pouvait

(1) Par arrêté de la Convention nationale le 27 brumaire an III de la république française; le célèbre Fourcroy est un des signataires.

emmener ni sa femme, ni sa fille qui auraient été trop exposées en mer à cause de la guerre avec l'Angleterre; il divorça, mais avec le désir de renouer ses premiers liens à son retour en France, et dans le cas où la paix aurait lieu, nous devions aller le rejoindre pour nous fixer au Port-au-Prince.

Pendant les démêlés qu'entraîna le divorce, je fus mise en pension, sorte d'école très mauvaise comme elles l'étaient toutes alors depuis la destruction des couvens. J'en fus retirée, parce que la femme qui la tenait allait voir guillotiner et m'emmenait avec elle : je criais, trépignais en fermant les yeux, la menaçant de le dire à mon père, alors elle me battait. J'avais été élevée à la Jean-Jacques, témoin de tout ce qui se passait dans ma famille, écoutant ce que disait mon père, m'impressionnant d'après sa manière d'agir. Je ne pouvais voir maltraiter un animal, le sang était un objet d'effroi et de larmes pour moi : papa me disait : je ne mange jamais le cœur d'aucun animal; par le cœur on aime, on respire; quand on le blesse on meurt. La réponse du père Horace dans Corneille n'était pas plus solennelle pour le patriote que ne l'était pour Mimi *la mise à part du cœur du pigeon.*

Instruire l'enfant par l'action ou l'image fixe la leçon dans sa mémoire, il ne l'oublie jamais. Ainsi fit Dieu à Adam pour organiser son cerveau! Les cieux, comme un miroir, refletèrent les êtres qu'il lui fit baptiser ! L'hiéroglyphe fut l'empreinte de l'objet même sur les eaux cérébrales de l'esprit de l'homme par le souffle de Dieu qui eut pour écho la parole, sceptre du commandement sur la nature entière.

Papa m'avait raconté que dans l'incendie qui consuma sa maison, son imprimerie, ses magasins, il courut, avant d'opérer la sûreté d'aucun objet mobilier, ouvrir la volière et l'écurie renfermant ses oiseaux et ses chevaux (1). Son regard et ses ordres restèrent comme une règle inviolable, posée devant ma conscience pour me guider dans mes inclinations. Lorsque j'ai eu un fils, j'ai recherché les souvenirs de mon passé quand j'étais petite (expression de mon enfant), me reportant sur les genoux de mon tendre père ; je recherchais avec candeur mes fautes, les corrections comme les récompenses méritées ! Les enfans aiment beaucoup ces récits qui nous mettent au niveau de leur âge. On peut facilement les conduire par des leçons qui touchent leur cœur ; en n'autorisant que les bonnes actions, blâmant les mauvaises, ne les décourageant pas pour des fautes que l'aveu et le repentir excusent en stimulant même leur amour-propre, en les mettant au-dessus de ce que vous avez pu être

_____

(1) Sa volière était en plein air, il essaya d'y élever des colibris ; sachant que ce petit oiseau ne se nourrit que du suc des fleurs ! Mais elle ne put y parvenir en raison du peu de fleurs que peut contenir une volière.

ou en les excitant à vous surpasser dans vos heureuses inclinations!

Mon père mit beaucoup de soin dans la recherche d'un pensionnat; il avait d'abord pensé à me confier à madame de Bray, à cause de son noble procédé envers les parens des jeunes créoles qui lui avaient été confiées et qu'elle fit rassurer lors des malheurs de la colonie, par l'engagement public de la continuation de ses soins maternels, jusqu'au retour des parens en état ou non de payer la pension. Mais l'éducation qu'on recevait chez elle était trop brillante. Dans les instructions qu'il laissa à mon tuteur, il y avait un précis de la manière dont il voulait que je fusse élevée. Ma langue purement écrite et parlée; l'aiguille dans tous les genres d'ouvrages, de modes ou de lingeries; il défendait expressément la musique, mais il permettait le dessin comme *paysagiste* et *botaniste*.

Le sentiment passionné que j'avais pour mon père, sans rien perdre de sa force, sembla se reposer sur M. Babille qui avait accepté d'être mon tuteur. Les crises révolutionnaires redoublèrent d'horreur et occupaient trop pour permettre de se visiter beaucoup. M. Babille ne venait me voir qu'aux époques du paiement des termes de ma pension. Quand on me l'annonçait, il fallait qu'il s'appuyât contre le mur pour n'être pas renversé, tant j'étais empressée de me jeter dans ses bras; un torrent n'envahit pas plus vite l'issue qu'il ren-

contre que je franchissais la distance de l'endroit
où j'étais pour arriver à lui.

Une des principales raisons de mon père en me
mettant en pension chez madame Laurent, était
qu'elle avait peu d'élèves, et que sa fille, en âge
d'être mariée, la secondait dans ses travaux d'institutrice. Elle avait été la gouvernante des enfans
de *M. de La Ferté, des menus plaisirs du roi.* Aussi, le
jeune Saint-Edme et sa sœur Euphémie conservaient-
ils pour elle un attachement réel, ils venaient la
voir souvent. Madame Laurent l'engagea à me
donner des leçons de musique et de dessin, service
qu'il lui rendit gratuitement et qui fait honneur à
son cœur, mais non à mon institutrice qui, dès-lors,
agissait contre la *volonté formelle* de mon père.

Philippine avait pris une chambre dans le pensionnat où j'avais été mise. L'époque de la terreur
la frappait comme suspecte. Elle fut incarcérée au
Temple pour avoir écrit et reçu des lettres d'Angleterre. Sa famille fournissait médiocrement à ses
dépenses; mon père donna l'autorisation à M. Babille de lui avancer de l'argent. *Mon parrain me fit
l'aveu d'avoir été trop facile dans les demandes réitérées
d'emprunt qu'elle lui faisait, lui ayant sacrifié un nu-
méraire rare à cette époque, et qu'il se reprochait de
n'avoir pas employé à mon profit dans l'achat d'un im-
meuble qui alors était vendu presque pour rien et qui
m'aurait assuré une existence solide et brillante.*

Philippine, que je continuais à appeler ma petite

maman, avait une tournure remarquable; elle était grande, remplie de dignité et de grace, mais elle était borgne, ayant eu l'œil crevé en tombant d'une escarpolette à l'âge de dix-sept ans. Ce malheur fut ce qui décida mon père en sa faveur : elle était la fille d'un homme qui l'avait obligé, et il ne voulut pas choisir sa cadette (Auguste), quoiqu'elle fût beaucoup plus belle. Philippine avait été élevée à Londres dans le meilleur pensionnat, sous la tutelle de son parrain qui était un *haut dignitaire*. Elle avait de l'esprit, écrivait l'anglais comme le français mieux qu'aucune femme de l'époque, possédait des manières polies et douces. Adroite à l'aiguille, elle faisait d'un chiffon une mode nouvelle; ce talent, loin d'être pour elle une ressource, ne fut qu'une occasion de dépense. Le beau trousseau qu'elle avait eu en dot fut gaspillé. Ces fichus de linon brodés en soies de mille couleurs, que je voyais avec envie bouffer sur elle avec grace et qui faisait que je voulais aussi pour Mimi *un fichu menteur*, furent jetés dans des fonds d'armoires et y pourrirent, ainsi que des robes de cour en perse et en soie. Les *plus beaux cheveux blonds* que j'aie vus de ma vie furent coupés pour prendre une perruque *blonde*. La mode de se priver de ses cheveux en les coupant, pour en adapter de faux d'une couleur spéciale, me fait penser que c'était *un deuil* en regret de ceux de *la reine* coupés par la main du bourreau !

Je me rappelle les *petits bonnets rouges*, cocardes de quelques jours, vendues comme des *cent d'épingles*, les rubans tricolores dont on se faisait des nœuds et des ceintures. Hélas! ceux mêmes qui s'en paraient voyaient tomber avec horreur de nobles têtes sur l'échafaud; le découragement de fidèles serviteurs leur faisait crier *Vive le roi* pour marcher au martyre et mêler leur sang avec le sien; mais celui qui veut sauver la patrie sent combien de tels sacrifices sont impuissans et même condamnés de Dieu, qui n'accepte votre vie comme hostie que lorsqu'elle est sacrifiée pour un intérêt général; *la patrie est Dieu et le sol;* mon père aurait payé de sa vie l'indépendance de sa patrie et l'établissement des lois d'équilibre s'il n'avait été père; il se disait fier *d'être Français;* mais quoique tenant au gouvernement du roi Louis XVI par ses places, il déplorait d'être forcé de le blâmer d'avoir faussé son serment : que peuvent les soldats sans leurs chefs, quel champ de bataille les protégera sans un drapeau commun?

IV

Après le départ de mon père les scènes révolutionnaires devinrent plus ardentes. Quel effroi n'é-
prouvait-on pas au passage des colonnes bruyantes
de femmes et de forts de la halle marchant enregi-
mentés et vociférant dans Paris! Je me rappelle le
pique-nique, banquet national. On dressa des tables
d'un bout de rue à l'autre, et chaque ménage fournissait un plat, s'y asseyait, dînant ainsi en plein air.
Je me rappelle aussi l'explosion de la poudrière de
Grenelle, la disette et le pain rare et mal cuit, dont
la mie jetée contre la muraille y restait collée, l'ar-
restation de ma belle-mère, la banqueroute faite

aux rentiers, les exécutions, les massacres des prisons, les visites domiciliaires. J'entendais parler de muscadins, de muscadines, classe mixte qui fondait la mode, adoptait le lorgnon pour s'exempter de la conscription. Ce n'était pas des gens à clubs, ni des aristocrates, ni des sans-culottes ; mais ils se pavanaient dans les promenades, parlant avec affectation, supprimant les rs, prononçant oyale pour royale, bouique pour bourique, etc., etc., se moquant des pauvres rentiers mendiant dans les rues. Ils dépensaient de l'or, avaient du pain !... C'était des mineurs qui attendaient leur majorité et le retour des priviléges pour s'enrôler au pouvoir qui devait amener la contre-révolution, ayant l'indolence d'enfans gâtés dont les fautes n'ont aucune importance.

Mon père, après une traversée périlleuse, à cause de la guerre avec les Anglais, arriva à sa résidence où sa vie fut exposée par les coups de fusil qu'on tirait dans ses croisées. Quand la fièvre jaune exerça ses ravages, il eut la maladie sans la déclarer et sans appeler de chirurgien, courant le risque, s'il avait agi autrement, d'être abandonné de ceux qui le servaient. Ses yeux jaunis témoignaient de l'épidémie. Il prit un exercice violent, se promenant à pied, à cheval pour obtenir des transpirations abondantes, rentrant chez lui. changeant de linge et n'arrêtant pas son travail. M. Letombe, consul-général, résidait à Philadelphie ; j'ai eu l'honneur de le voir chez mon père, avec lequel il était très lié, et je l'ai entendu dire que son collègue (parlant de papa) était un grand travailleur. Il doit avoir des lettres familières de mon père où brillent sans doute l'esprit aimable et le patriotisme d'un philantrope. Mon père, en plaisantant, lui raconta que la prodigieuse quantité de mouches qui afflige la ville de Philadelphie à un certain moment de l'année lui avait fait écrire à son frère qui y résidait et qui y faisait ses commissions : Fais-moi le plaisir, mon cher Maximilien, d'ajouter aux différentes choses que je te prie de m'envoyer *un pâté de langues de mouches, ce qui te sera facile en raison de l'abondante récolte qu'on en a dû faire.*

Avant son départ pour les États-Unis, mon père avait obtenu l'exemption du jeune Pomery pour la conscription. Le père du jeune homme lui témoignant sa gratitude (*mon père n'a jamais accepté de cadeaux*) s'était engagé à me procurer quelques vacances pendant son absence de Paris. Il tint parole. Ayant marié son fils pour empêcher qu'il ne retombât sous le coup d'une nouvelle levée d'hommes, ce jeune ménage s'empressa de venir à ma pension pour m'emmener passer quelques jours à la campagne. Je pus y courir, cueillir des fleurs dans le parterre, danser en rond avec la collation du gâteau de FLAN et apprendre de la jeune dame Pomery mille chansons que je retenais airs et paroles aussitôt qu'elles m'étaient dites. Ces vifs plaisirs, *les seuls que j'ai goûtés* pendant l'absence de mon bon père, trouvèrent leur terme dans une première faute. J'avais moins de huit ans; revenant d'une de ces sorties, je rapportai à ma pension un petit volume : *Les Fables de Florian*, qu'un des commis de la maison de commerce (c'était une épicerie en gros) m'avait prêté. Je le savais presque par cœur et ne pouvais m'en détacher n'ayant lu jusqu'alors que les fables de La Fontaine que je ne comprenais pas. J'étais à relire ce charmant volume à l'heure de ma récréation quand j'entends nommer madame Pomery, qui m'avait ramenée la veille. Un mouvement irréfléchi, mais cependant coupable, me fit jeter le volume derrière moi et courir recevoir sa visite, dont le but était de me reprendre le volume qui ne lui appartenait pas, et qui ne m'avait été que prêté. Madame Laurent me traita de voleuse et me mit au désespoir. L'accusation d'avoir commis un vol me frappait d'épouvante; j'étais innocente puisqu'il était certain que le livre m'avait été prêté, et trop jeune pour limiter le temps et le lieu pendant lequel j'étais en droit de jouir de la chose prêtée. Mais la conviction qu'*une maîtresse de pension ne pouvait mentir* me laissa persuadée que j'étais coupable. Je me crus perdue dans l'estime des amis de mon père (qui en effet parurent m'oublier) et dans celle de mes compagnes qui me virent au désespoir, répétant : puisque je suis une voleuse je ne veux plus manger à table. Madame Laurent sentit elle-même, cherchant à me cal-

mer, qu'elle était brutale ; elle me caressa alors dans
la crainte que je ne tombasse malade. Cette institutrice me battait, me tirait par les oreilles, quoique
réellement je fusse douce et intelligente. Elle m'ins-
pirait un attachement sensitif comme celui qu'un
chien a pour celui qui le dresse (1). Elle n'était jamais
malade sans ébranler mon système nerveux. J'avais
la fièvre avec elle. Ce qui m'attirait d'elle d'indignes
corrections, c'était ma timidité qui me faisait pleurer pour un rien et qui m'empêchait de m'adresser à
elle, la craignant beaucoup, quand il fallait changer
de linge. Pour me donner de l'ordre et de la propreté, elle voulait que je veillasse sur ces détails
de toilette qu'on n'exige jamais d'un enfant aussi
jeune. Quand mes bas et mes mouchoirs de poche
étaient sales ou troués et que je les avais gardés sur
moi, elle me donnait le fouet. Mon Dieu ! qu'était
devenu ce temps où je n'avais pas la crainte d'user
ma chaussure ; où mes manches courtes, relevées à
la créole, laissaient à nu mon petit bras se frotter
sur la table sans craindre de salir ou de percer mes
manches Amadis ? On ne pensait guère à me parer depuis le départ de mon père, si ce n'est de son portrait,
quand j'avais été bien sage. C'était le seul plaisir qui
dérangeât la monotonie de mon séjour chez ma-

(1) Les demoiselles de Saint-Sauveur, grandes pensionnaires,
disaient de moi : cette petite est si bonne qu'on pourrait mettre
son bon cœur en exemple dans un livre.

dame Laurent. Je n'avais plus de DOUX PORTERS A BRAS, de charmans *p'tits causers*, de tendres baisers en pincette, d'yeux caressans suivant mes gestes de leur amour, consultant mes désirs et mes besoins ; orpheline de la protection paternelle, me rappelant un passé heureux, impressionnée par le poids du présent comme par un mauvais sommeil qui vous fait chercher le réveil libérateur. Trouvée laide, malpropre, *difficile à coiffer*, parce que, disait-on, j'avais la tête pointue (1) ; j'étais mal habillée parce qu'on achetait pour soi-même la robe neuve qui devait remplacer ma vieille, qu'il me fallait pour ainsi dire user deux fois. Pauvre père ! sans t'imaginer combien ta petite Mimi était à plaindre, tu cherchais, quoiqu'à deux mille lieues d'elle, à l'entourer des expressions de ta tendresse, à intéresser son cœur et son esprit. Tu m'écrivais de longues lettres qui me faisaient la description de ton beau jardin à deux rangs de passe-roses, mis en bataille comme des Anglais et des Français. Tu me parlais de ton singe auquel tu avais fait faire un petit habit et qui m'avait cassé le petit cabaret de Sèvres qui m'avait été

(1) Elle aura eu, disait-on, la tête serrée au passage : je comprenais *pendant la traversée de Saint-Domingue à Liverpool*, et je pensais que cela était faux. La conséquence de ces sublimes observations établit qu'on a la tête pomme ou poire, enfin comme vous la peut faire madame votre mère ! La jalousie ou l'ambition prend toujours l'arme du lâche, le ridicule ou la calomnie.

donné à ton mariage avec Philippine, que tu avais emporté avec toi voulant me le conserver pour quand je serais grande. Des messieurs, revenant en France, m'apportaient de ta part de l'or pour m'acheter une grande poupée et un ménage de petits serins, pour lequel 'tu m'avais fait des vers. Madame Laurent, loin de laisser mon cœur s'épancher sur la feuille de papier qui répondait à tant d'amour, me faisait des brouillons bien courts, orthographiés par elle et qui te trompaient, te faisaient croire qu'ils étaient de moi, ainsi que les phrases anglaises qui y étaient jointes. On m'élevait d'une manière tout opposée aux instructions que tu avais données. C'était le jeune de La Ferté qui s'était chargé de me donner des leçons de musique et de dessin. Je lui paie ici un tribut de reconnaissance ; car sans cette direction donnée à mon éducation, ces arts probablement me fussent restés étrangers, et j'y trouve au moment où j'écris ceci les seules ressources contre de grands chagrins. Il procura aussi des billets gratis, par le moyen desquels je vis *Œdipe*, *Psyché*, *Télémaque*, le *Sourd* ou l'*Auberge pleine*, le *Festin de Pierre*. Mademoiselle Euphémie (maintenant madame la comtesse de Gr....) venait aussi voir son ancienne gouvernante ; elle lui chantait les romances nouvelles ; j'appris ainsi : *S'il est vrai que d'être deux*, *Je t'aime tant*, *Il faut des époux assortis*, etc. , etc. ; mais si j'avais la mémoire du cœur et de l'oreille, je n'en avais aucunement pour ce qui m'ennuyait. On ordonnait aux maîtres et aux maîtresses de pension de faire apprendre *Les droits de l'homme et du citoyen.* Je ne pus jamais en retenir un seul mot : je m'amusais à attraper les mouches qui se posaient sur ce fâcheux code; rarement j'étais assez habile pour réussir, car je ne voulais pas leur faire du mal, mais les mettre dans une petite boîte piquée par une épingle pour qu'elles eussent de l'air et les y nourrir comme *de petits oiseaux.* Je réfléchissais sur l'inconcevable agilité avec laquelle l'insecte se dérobait à moi : mettant ma main tout doucement en arrière, au moment de la conquête, la mouche se dérobait à l'heureux sort que je lui préparais. Il faut, me disais-je, qu'elle ait des yeux par derrière. Je lus, en effet, quand je fus grande la description de la mouche dans les notes du charmant ouvrage de madame de Genlis, intitulé : *Adèle et Théodore.* J'aurais pu prendre des idées d'histoire naturelle dans le *Portefeuille des Enfans* que papa m'avait laissé complétant le charmant auteur Berquin, l'ami des enfans. *Il fut remis tout neuf à mon petit papa.*

La république sentit la nécessité de s'occuper de l'éducation publique et de rétablir la religion en faisant honorer l'Être suprême dans les temples. La jeunesse y fut commandée comme dans une arène pour y conquérir des couronnes. Je fus choisie pour exécuter un air patriotique sur le piano. M. de La Ferté jugea nécessaire que je fusse accompagnée du violon ; il procura un jeune homme qui me fit étudier, et nous jouâmes ensemble, à Saint-Eustache : *Veillons au salut de l'Empire*. Je fus couronnée d'une couronne de papier feuilles de chêne ; j'avais environ neuf ans. Ce trophée fut gardé pour être posé sur la tête à papa. A son retour, on voulut en effet réaliser cette scène ; il se fâcha contre madame Laurent, lui reprochant d'avoir enfreint ses ordres, me faisant apprendre la musique au lieu de la couture. Alors on lui donna une paire de jarretières tricotées par sa petite Mimi. Il haussa les épaules, disant : De ma vie je n'ai porté de jarretières (1). Bon Dieu ! est-ce là le résultat d'une éducation pour laquelle je vous ai laissé des instructions si longtemps méditées avant de les écrire, pensant les voir mettre en pratique ?

Quand mon papa eut terminé sa visite, j'entendis, sans le lui répéter, car il m'en avait fait la défense, que M. Mozard était un homme emporté, d'un caractère difficile, original et ne sachant pas apprécier le dévouement, ni le zèle des personnes qui m'élevaient, qu'il se rappelait avoir eu des nègres, qu'il était despote, etc., etc.

Enfant, je blâmais déjà qu'on attendît pour en dire du mal que la *personne* ne fût pas là pour se défendre. Philippine agissait de même avec mon

_____

(1) Mon père a toute sa vie blâmé la mode des pantalons, déplorant que les Français gâtassent ainsi leurs jambes...

père, l'embrassant et disant, quoiqu'elle ambition-
nât de le réépouser, qu'il était impossible de vivre
avec lui, me reprochant ainsi qu'à lui d'avoir eu
des esclaves...

Revenant à l'époque où j'appris *en duo* l'air patriotique, je me rappelle qu'une émotion s'éveilla
dans mon petit cœur de neuf ans pour celui qui me
faisait comprendre l'harmonie de deux instrumens
d'accord. Combien le cœur d'une jeune fille a besoin d'être veillé !

Mademoiselle Laurent s'était mariée à M. Perrin,
employé. Ce fut un ami qui me protégea contre la sé-
vérité de madame Laurent; il recevait mes caresses,
m'en rendait. Je me plaçais à table auprès de lui : le repas fini, je sautais sur ses genoux; le retour qu'il rendait à mon amitié donnait de l'activité aux heures qui
s'écoulaient, rapprochant celle où il revenait dîner
à la maison. Eh bien ! une catastrophe effroyable
m'enlève ce cher consolateur. Un jour, l'heure du
repas ne ramène pas M. Perrin; le lendemain matin
il n'est pas de retour; le soir arrive, il n'est pas
revenu. Quelles alarmes ! qu'est-il arrivé? Mimi
se couche, mais elle ne dort pas, elle écoute et
veille avec un cœur inquiet. Le lendemain matin
on pense à la chambre du cinquième où il faisait
sa barbe : on y monte et on trouve M. Perrin pendu
avec sa cravate. Il avait joué à la loterie, avait des
dettes auxquelles il était impossible qu'il fît honneur. Il se donna la mort laissant sa veuve enceinte.

On mit les scellés, et quand on les leva, je vis par la fente d'une porte entr'ouverte le jeune violon furetant dans les tiroirs qui avaient appartenu à mon pauvre Perrin. Je me mis dans un coin de l'appartement pour y pleurer mon ami défunt, et M. l'huissier, dépossédant la femme de celui que j'avais tant aimé, me parut laid comme le diable.

En lisant Estelle, j'appris : qu'un berger vous offre des fleurs, défend vos agneaux contre les loups cruels, qu'une bergère aime par-dessus tout son berger. Quel heureux sort d'être bergère! me disais-je.

L'habit militaire, avec des épaulettes en or, me parut aussi bien beau! J'avais acheté une feuille d'images sur laquelle étaient représentés nos grands *généraux*. Ce fut, je crois, Masséna ou Bernadotte que mes yeux distinguèrent. Je serrai donc comme une relique le préféré, et de temps à autre je l'admirais en le baisant de tout mon cœur. Voilà donc les premières émotions de mon jeune cœur jusqu'à l'âge de dix ans. N'ayant aucune idée de la différence entre l'homme et la femme que le costume et l'état.

Arrivée à cet âge, je me dis : pourquoi me bat-on? si papa le savait, je verrais bientôt la fin de cette tyrannie. Alors, un jour, où la main de madame Laurent s'était appesantie sur mes joues en me donnant un violent soufflet dont je fus tout éblouie, j'écrivis à la hâte quelques lignes à mon tuteur , et furtivement je courus mettre ma lettre à la poste. M. Babille vint aussitôt, fit de grands reproches à ma maîtresse de pension qui , de ce moment, cessa de me battre. Je commençai à avoir plus d'importance , ayant moins de docilité ; preuve que la tyrannie amène pour conséquence la révolte. J'étais connue de mon bon père , il m'avait jugée dès les premières étincelles de la vie que je lui devais. Avec de la douceur on obtient tout de ma petite ; elle est longtemps à s'attacher , mais quand elle aime , c'est de tout cœur ; elle est sensible et vraie ; jamais elle ne m'a désobéi, parce que je lui ai toujours parlé raison.

MON ADOLESCENCE.

La nouvelle du retour de mon père apporta chaque jour quelqu'amélioration à mon sort. On mit à
ma disposition le petit écu fixé par mois pour mes
menus-plaisirs et que jusqu'alors on m'avait infidè-
lement payé. J'employai cet argent en achats de livres d'église. La célébration d'une grand' messe à
laquelle j'assistai, parce que le culte catholique était
redevenu public, fut un spectacle aussi nouveau
que solennel. Dès-lors on pensa à me faire faire
ma première communion. Monsieur le curé de Saint-
Eustache, auquel je fus présentée, m'accueillit avec
distinction. J'allai près de lui à confesse. Mon par-

rain m'invita à déjeûner chez lui les décadis, et pour m'occuper pendant cette heure de récréation prise dans son cabinet d'affaires, il me donna à lire les instructions que lui avait laissées mon père pour diriger mon éducation. J'y trouvai un écrit de ma mère; c'était un extrait de l'ouvrage de *Monsieur de La Pallue sur les choses.* Je rompis un petit morceau de papier où ma pauvre mère avait posé sa plume, je le baisai, puis le mis dans mon sein ; un sanglot qui m'échappa éveilla l'attention de mon tuteur, qui redit cette action comme une preuve de mon extrême sensibilité. Je rencontrai un jour chez lui mademoiselle Pauline H*******, enfant de quatre ans, infirme, ne marchant pas et d'un caractère très irritable en raison sans doute de ses grandes douleurs. M. Babille était la seule personne auprès de laquelle ses souffrances semblaient se calmer. Je voulus essayer de la caresser, mais je fus effrayée de l'accès nerveux dont elle fut tout-à-coup agitée.

Papa nous écrit qu'il est à Bordeaux, revenant des États-Unis par l'Espagne. Il arrive enfin ce bien aimé absent depuis près de six ans ! Que d'avenir il apporte à sa fille! Combien mon jeune cœur retrouve d'espace pour battre à l'aise ; je savoure d'avance ses tendres caresses ! Sont-ce les bijoux qui vont m'être donnés qui éveillent mon impatience ? Non; c'est son amour pour moi; c'est le mien pour lui qui remuent tout mon être ! Pour avancer de trois jours le bonheur de se revoir, il nous donne l'ordre à

Philippine et à moi de venir à sa rencontre jusqu'à Orléans. Quand je fus en diligence, puis arrivée à l'hôtel, je commençai à sentir cette joie d'enfant, à respirer et à agir loin du joug inquisiteur qui me demandait le sacrifice de tous mes désirs. Je pense,
je sais que je suis libre de comparer, de me consulter pour choisir (1). Dès lors, ils sont oubliés
tous ces tristes jours passés sans qu'aucun m'ait offert pendant près de cinq années un seul instant de
joie. J'ai dix ans, mon tendre père devient mon protecteur ; j'ai fini avec le chagrin ; je suis aimée, riche
et heureuse à tout jamais. Philipine et moi nous
descendîmes à l'auberge, mais il fallut attendre jusqu'au soir l'arrivée de la diligence de Bordeaux ;
chaque minute est un siècle, car on dit que les
grandes routes sont mauvaises, qu'il y a des trous
où les chevaux culbutent ! Il y a aussi des chouans
qui tuent, qui brûlent les pieds des voyageurs ! La
journée s'emploie à écouter les histoires monstrueu-
ses de ces brigands. Les battemens de mon cœur
s'accélèrent, je tressaille en prêtant l'oreille au
moindre bruit ; puis enfin un malaise, ressemblant
à un cauchemar, me fait rester raide sur ma chaise,

(1) Madame Laurent, en m'achetant une robe, me donna le
choix entre une étoffe bleue et une jaune ; je me décidai pour
cette dernière couleur. De retour chez elle, elle trouva le cou-
pon trop juste pour qu'il restât des manches de réserve : *je fus
grondée.*

épiant presque endormie tout ce qui se fait autour de moi; car, *il est dix heures, on me dit qu'il faut me coucher*, que l'heure ordinaire de la voiture est passée, qu'elle est retardée par accident..... Mais une lourde diligence est entrée dans la cour, des porteurs entrent dans notre chambre, déchargent des sacs de nuit et enfin le cher papa est devant nos yeux; il se laisse tomber d'émotion dans un fauteuil; Mimi dans l'un de ses bras, Philippine dans l'autre : les pleurs et les baisers semblent ne pouvoir cesser. On se regarde, on s'écrie, et puis on s'écrie et l'on s'embrasse !...... Cependant il faut se coucher, papa est fatigué, n'ayant pas dormi depuis huit jours ; mais il n'y a que deux lits dans la chambre; Philippine couchera donc avec moi? Non, mon lit est trop étroit, on s'arrange autrement : je couche seule et le lendemain je me réveille plus heureuse encore que je ne m'étais couchée la veille.

Papa nous rapportait mille jolies choses : des châles des Indes faits de poils *de chameau*, des robes de cirsacas, des madras, des ombrelles en éventails; de jolies ménagères en maroquin rouge, garnies de ciseaux et d'outils anglais pour coudre et pour écrire; des confitures et des fruits confits faits chez lui par son cuisinier, jeune nègre qu'il avait ramené en France et placé à Bordeaux auprès de madame Desbonnes, une de ses amies; du miel d'Amérique, dont l'arôme reproduit celui des épices où glanent les abeilles, et qui, sentant le girofle, la cannelle et le citron, est, par sa variété de saveur, moins agréable que celui d'Europe.

Pendant que papa faisait son courrier, il me donne des livres qu'il avait mis à part pour moi dans son sac de nuit. C'était l'histoire des Rouge-Gorges, quatre charmans volumes pour ma bibliothèque. Désireuse de lire un roman, j'observe à mon papa que ce *serait beaucoup plus amusant*; alors il me permit de lire *Irma, ou les malheurs d'une jeune orpheline.* Il dit à ma belle-mère : c'est l'histoire de la fille de l'infortuné Louis XVI, prisonnière au temple et puis proscrite; cette famille remue les ames comme une tragédie qui met en action les martyrs et les héros; le rideau tombe, se relève, laissant la multitude avide de calmer l'inquiétude brûlante qui attend un dénouement. Nous fîmes une promenade sur les bords de la Loire; mon père me dit d'en remarquer les charmans paysages. Après avoir parcouru la ville, nous dînâmes à l'auberge où ce fut moi qui commandai le dîner.

La veille que nous quittâmes Orléans, mon père et Philippine se querellèrent : il paraît que ma *petite maman* était rêveuse et avait dormi trop près de mon père pour qu'il n'eût pas surpris quelques pensées secrètes; enfin, nous reprîmes la diligence. A son arrivée à Paris, papa se logea provisoirement *Cloître-Saint-Benoît*, dans un appartement retenu pour lui, qu'il quitta presqu'aussitôt pour un autre, situé boulevard des Italiens. Philippine et moi nous retournâmes dans la pension de madame Laurent, rue des Prouvaires.

Mon père, tout enchanté qu'il était de me revoir, fut surpris de me trouver une tournure si peu façonnée et une éducation si arriérée. Je ne mettais pas l'orthographe, je savais à peine quelques mots d'anglais. Pour ne me pas crotter dans les rues, avant de sortir de la maison je relevais ma robe dans les fentes de la jupe, ne sachant pas la manière moderne de la tenir élégamment dans l'une de mes mains. J'étais habillée pauvrement, je ne savais pas coudre, mais j'étais naïve heureusement comme l'enfant de cinq ans qu'il avait confiée à madame Laurent. Je m'avisai de lui demander s'il avait passé par cet endroit, en Angleterre, où l'on trouve des petits garçons couchés près de petits arbres à fruits rouges. Je me rappelle, lui dis-je, en avoir vu un champ sur la route de Liverpool à Londres ; je t'ai prié de faire arrêter pour en prendre un à la place de mon petit frère laissé en Amérique. Sans paraître moqueur, mon père me répondit : C'est un rêve que tu as fait, ma fille, qui t'aura réalisé un conte de ta négresse que les enfans viennent sous les cafiers. Ton souvenir t'aura reproduit cet arbuste qui, de l'Arabie, s'est naturalisé dans ton pays. Il donne en effet une petite cerise, contenant deux grains que l'on fait griller,

qu'on broie et avec lesquels on fait cette liqueur
dont tu es si friande quand on la mêle à de la crème
et surtout, petite friponne, quand on fait le café à
la Franklin dans une jolie cafetière que tu nommais
la petite fontaine, quand tu avais trois ans. Ce
rêve qui m'avait laissé l'idée d'enfans végétaux,
adoptés par les papas et mamans, me fut expliqué
scientifiquement pour ne pas éveiller ma curiosité
sur leur nature véritable. Plus tard il fit l'éloge de
la réponse que Jean-Jacques, dans son *Émile*, met
dans la bouche d'une mère à sa fille curieuse de
savoir comment on accouche (1). Être mère, est le
premier désir de la femme, voilà pourquoi l'idéal
fait l'amour enfant : c'est le rêve qui la berce, c'est
sa poupée! L'amour est le souffle de l'âme (esprit
voulant se réaliser); il est Dieu, système, désir,
marotte, Protée enfin.... tour-à-tour encensé ou
brisé, et quand l'idée change, ne paraissant pas
moins puéril que le jouet, hochet inutile à l'enfant
qui n'a plus de lisières.

Je me rappelle ici une romance de la *Gazette
américaine*, année 1785.

» Amour ! avec quelle adresse
» Tu prépares ton poison,

(1) Jean-Jacques conseille aux mères d'allaiter elles-mêmes
l'enfant qu'elles ont porté dans leurs entrailles *pendant neuf
mois ;* il s'est fait ainsi de nombreux disciples : mais notre Église
ne nous enseigne-t elle pas d'une manière plus touchante cette
action modèle ?

» Ta vapeur enchanteresse
» Enivre notre raison.
» Bientôt ce délire passe
» Comme un songe du matin.
» Le réveil offre à la place
» Ennui, tristesse et chagrin.

» Dans sa coupe séduisante
» L'espoir verse ses douceurs :
» Le désir nous la présente.
» Le plaisir l'orne de fleurs...
» Leur éclat trompeur s'efface
» Comme un songe du matin.
» Le réveil offre à la place
» Ennui, tristesse et chagrin.

» Ne sentant dans mon ivresse
» Que le charme du présent,
» Je cachais à ma tendresse
» Les maux de l'éloignement.
» Mais cette illusion passe
» Comme un songe du matin.
» Le réveil offre à la place
» Ennui, tristesse et chagrin...

» Je te perds, ma chère Ismène !
» Dieux ! serait-ce sans retour ?
» Le sort barbare m'entraîne.
» Au climat où naît le jour.
» Des mers l'effrayant espace
» Va séparer nos destins ;
» L'avenir m'offre à la place
» Ennui, tristesse et chagrin.

» Trompeuse philosophie,
» Tu m'avais fait espérer

» Que des peines de la vie
» Tu pourrais nous délivrer.
» Tu nous trompes avec audace
» Comme un songe du matin ;
» Le réveil offre à la place
» Ennui, tristesse et chagrin.

» La plus austère sagesse
» Ne peut garantir un cœur ;
» On gémit de sa faiblesse,
» Mais on chérit son erreur.
» C'est une ombre qu'on embrasse,
» Qui fuit avec le matin ;
» Le réveil offre à la place
» Ennui, tristesse et chagrin. »

M.

Philippine préparait à mon père une déception bien cruelle, déception qui fut la cause d'un découragement qui, brisant son existence d'homme, que l'amour paternel ne pouvait remplir entièrement à l'âge ardent qu'il n'avait pas encore dépassé, le força de végéter isolé parmi de nombreuses liaisons de femmes incapables de satisfaire aux désirs délicats de son cœur sensible.

Mon père adressa d'amers reproches à madame Laurent sur sa manière de m'élever, qui était l'opposé des instructions qu'il lui avait laissées. Ensuite me prenant par la main, il fit sa visite à Philippine. Après l'avoir embrassée, il s'assied et sort un volume de sa poche (c'était la Bible). Il me dit : Ma fille, je n'ai pas encore jugé de ta façon de lire ; lis-

moi ce chapitre haut et doucement. Il faut, pour
bien lire et pour bien chanter, s'écouter pour comprendre l'auteur qu'on lit ou qu'on chante, afin
d'accentuer juste la note et la pensée. Ce chapitre
était celui où l'on trouve cette phrase : *Vous le
nommerez Emmanuel*. Je m'arrête à ce nom d'*Emmanuel*, levant les yeux sur Philippine avec un sourire naïf et surpris ; elle pâlit : papa m'ôte le livre
des mains, me renvoie dans la classe. Il y eut entre ma ci-devant belle-mère et mon père une explication fâcheuse. J'avais dans ma lecture amené bien
innocemment l'occasion d'une rupture. Tout le
quartier avait été l'écho de son inconduite : celui
qu'elle aimait se nommait Emmanuel *** ; il avait été
son délateur, parce qu'elle était devenue l'objet de
son mépris, quand elle osa aller rejoindre mon père
à Orléans, quoiqu'il lui eût écrit : *Si tu es pure,
viens me rejoindre avec Mimi ; sinon, attends-moi.*
La veille du jour où nous partîmes, elle avait rede-
mandé son portrait à ce monsieur, qui le lui avait
renvoyé, écrivant sur l'enveloppe : TIRE-BOTTE.
Ce petit tableau la représentait appuyée sur une
ancre de vaisseau. Elle osa l'offrir à son ancien époux.
Mon père caractérisa Philippine par ce vers de Voltaire dans Zaïre : *Tranquille dans le crime et fausse
avec douceur ;* il rompit avec elle, lui disant : *Je
pardonne, vous le savez, mais je n'oublie pas.* Il
chercha à la rétablir dans le cœur de son amant,
qui lui déclara ne pas vouloir se marier avec elle.

Mon père lui rendit tous les billets qu'elle avait faits à mon tuteur des nombreuses sommes qu'il avait permis qu'on lui prêtât pendant son absence de Paris. Découragé des femmes légitimes, il renonça au mariage ; mais la blessure que lui faisait l'ingratitude de celle qui, quoique divorcée, avait continué à porter son nom, à vivre à ses dépens, et qu'il avait déclaré, tant à Boston qu'à Paris, devoir réépouser, qu'il aimait d'un sincère amour, altéra sa santé et lui donna un découragement qui lui ôta beaucoup de son énergie.

Je fus retirée de chez madame Laurent pour être mise en pension chez mesdemoiselles Courcelles, rue Montmartre, où je ne restai que quelques mois ; enfin, j'entrai dans la maison de madame Chevremont, ex-religieuse de Saint-Chaumont, rue du faubourg Poissonnière, où je terminai mon éducation.

Mon père, mécontent des premiers élémens de musique que j'avais reçus, n'eut pas le courage de les laisser imparfaits. Il me fit continuer aussi le dessin, y ajouta la danse et tous les accesssoires coûteux de ces talens qu'on ne fait qu'ébaucher dans un pensionnat, asile de jeunes filles destinées à faire des femmes agréables pour la société.

VI

Depuis longtemps éloigné de Paris, mon père fut empressé de revoir la scène française, illustrée par Fleury, Talma, les dames Raucourt, Volnais, Duchesnois et Mars ; l'Opéra-Comique, par les derniers accens de mesdames Saint-Aubin, Philis ; les belles notes d'Elleviou, de Martin et de Chénard, etc. ; au grand Opéra, Laïs, mesdames Branchu, Clotilde, Gardel, etc. Puis les promenades de Tivoli, Frascati, puis les lycées. Dans mes jours de vacances, je me promenais avec lui parée, consultée sur mes goûts, sur mes idées comme si j'avais eu quinze ans : j'en avais à peine douze ! Je faisais avec lui de la philosophie ; j'avais du jargon comme une jeune pie ; j'aimais la mode et les manières ; j'avais des opinions féodales, parce que le pensionnat où j'étais élevée était composé en grande partie de jeunes filles nobles de parens émigrés. Mais mon élégance était sans goût ni ensemble ; je manquais de tenue, m'arrêtant dans les rues pour sauter à deux bras au cou de mon petit papa, que le voisinage nommait en plaisantant *mon amoureux*; je me crottais horriblement, parce que je voulais porter des robes à queue ; papa préférait les robes rondes comme étant plus commodes ; je répondais sérieusement : *Oui, mais l'incommodité des robes longues est bien rachetée par la noblesse que cela donne à la démarche d'une femme!...*

Du boulevard des Italiens, mon père prit un logement rue Cérutti. Il acheta les meubles de l'appartement qu'il prenait de l'épouse d'un officier qui avait soutenu le siége de Turin. Elle lui raconta y avoir mangé des rats coûtant un louis la pièce ; la faim assaisonne tous les mets, car elle ne trouvait pas ces rôtis-là mauvais. Les meubles de cet appartement étaient ceux d'une petite maîtresse : rideaux de soie jaune et de mousseline brodée, toilette, lavabo, secrétaire, lit, fauteuils, canapé en acajou recouverts en damas de soie. Mon père, à un grand nombre de livres anglais rapportés des États-Unis, ajouta les encyclopédistes, les poètes, les romanciers, les voyageurs français. Sa bibliothèque devint considérable. Son urbanité le rendait prodigue et confiant de ses pensées et de ses livres. Il émettait dans la conversation les idées libérales de son esprit observateur et subtil comme une monnaie courante à l'effigie du tout-puissant qui dote le monde de ses divines pensées pour les progrès des sciences : de même un pilote lancé sur le vaste océan, ne sachant pas si les provisions qu'il a suffiront à son équipage, rencontrant des barques en péril, les protège de ses voiles et de ses vivres jusqu'au port où il pourra se ravitailler. Voyageur ainsi dans Paris, rencontrait-il un homme à talent gêné d'argent ou manquant de livres anglais (alors fort rares) pour les traduire ou prendre des notes, sa bourse, sa bibliothèque étaient à son service. Avait-il conçu une idée utile, il l'envoyait au journaliste. Il fit don au Jardin des Plantes d'insectes et de papillons rares ; il s'en réserva une collection dans une boîte d'acajou à vis qu'il fut obligé de vendre avec regret par besoin d'argent. Il disait à sa fille, à laquelle il l'avait rapportée d'Amérique : Nos mouches nous profitent plus que ma bibliothèque, achetée si cher et vendue pour rien ! On ne vend rien les livres, on les achète cependant fort cher !

Il envoyait souvent des articles au *Moniteur*, espérant se faire remarquer de l'empereur. Il fit pour cela un mémoire sur le *sucre d'érable* à l'appui duquel était jointe une boîte de cassonnade rapportée des États-Unis. Il pensait que la France, cherchant à acquérir un sucre indigène, aurait un

meilleur résultatpar l'érable que par la betterave,
qui emploie des champs utiles aux céréales, tandis
que la culture par l'érable donne un arbre forestier
et agréable pour les grandes routes, qu'il pourrait
ombrager. Un des avantages qu'il procure aux États-
Unis, c'est d'utiliser les enfans de six à sept ans.
Les parens les emmènent dans les forêts comme ici
les bûcherons. Ils percent le tronc des arbres. Cette
incision est pour l'écoulement de la sève, qui est
reçue dans une sébille en bois que les enfans attachent et vident à mesure qu'elle se remplit. Cette
cassonnade se raffine comme le sucre de cannes.
Mon père craignait que la betterave ne fût froide et
contraire aux fonctions animales de l'estomac :
l'estomac est encore un organe inconnu, me disait-il.

Mon père m'avait donné mille curiosités char-
mantes qui meublaient mon boudoir. Un cardinal
empaillé y pendait comme un lustre, ainsi que des
tissus du Canada, faits d'écorces d'arbres ; des outils en bois de fer ; deux harpes éoliennes ; mon père
me disait qu'il était à regretter que l'Amérique ne
possédât pas une seule pierre à fusil. On lit dans
les *métamorphoses* que l'embrasement d'une forêt
de l'Asie-Mineure apprit aux hommes l'emploi du fer
qui coula des arbres embrasés. Maintenant que la
physique sait que le fer provient du sang, elle aura
moins de difficulté à comprendre la magie des jardins d'Armide. L'arbre de Satan arrivé à son apo-

gée développait ses animations, écailles et ailes
flamboyantes. Maintenant, frappé de la malédiction
de Dieu, privé de son effigie divine, sa décomposi-
tion, essence du feu, n'a plus que le mirage, c'est
le phosphore du sauvage qui, à défaut de pierre,
frotte des bois pourris.

J'avais un fort bel optique, dont les gravures
me faisaient voyager dans les solitudes du Mississipi
(pays compris dans son consulat). J'aimais à m'arrêter au banc de *Terre-Neuve*, sachant qu'à son retour en France il faillit y naufrager ; je lui deman-
dais à baiser sa belle montre d'or, dont l'aiguille aimantée rendit un service immense à l'équipage,
remplaçant seule un instant tous les instrumens de
marine devenus inutiles par le roulis excessif du
navire. Parmi ces estampes, se trouvait la chute du
Niagara (superbe page d'album) , dont les lisières
tenant à l'éther viennent d'*être rompues par l'enfoncement du sol.* Une autre gravure me montrait le
cours du fleuve Saint-Laurent , où les oiseaux de
Paradis rafraîchissent leurs ailes brillantes! Leur
gosier sans notes (c'est que l'oiseau n'est pas chan-
teur en Amérique) est un organe qui perce la nue
parce que les sifflemens du serpent les rappellent au
désert près de leurs chers nourrissons exposés aux
rapines du monstre.

Ainsi , par des objets sensibles, mon père se-
mait des idées dans ma jeune tête, comme il avait
semé des graines exotiques dans les pays où il sé-

journait. Il travailla toute sa vie à un système de botanique, auquel il renonça à ses dernières années, m'écrivant : *Ma fille, il y a assez de systèmes.* Ses leçons se traduisent par le souvenir.... Dans ses carafes de cheminée il mettait des ognons de jacinthes, s'amusant à placer les racines à l'air et les boutons prêts à germer dans l'eau ; la nature, au bout de quelques jours, avait repris la direction ordinaire; les racines paraissaient de nouveau dans l'eau, les feuilles pointaient à l'air , sans que l'ognon cessât d'être à rebours. Les enfans imitent tout ce qu'ils voient faire; ainsi, dans mon petit jardin de la pension, je plantais des graines et les contrariais dans leurs germes. Cela m'a fait comprendre l'air fixe et son attraction en circulation par la lumière (ou la nuée).

Mon père lisait beaucoup, il vantait les progrès que la langue française, nommée par M. de Voltaire *une gueuse remplie d'orgueil*, avait accomplis par les écrivains du dix-neuvième siècle. Ce qu'il appelait la logique du style de Jean-Jacques était pour lui d'une conviction intime , qui lui révélait l'homme dans ses travers , excusant des bizarreries parce qu'il s'en connaissait. Quoiqu'admirateur du philosophe de Ferney, il ne pouvait lui pardonner d'avoir sali l'héroïne de Vaucouleurs. Les écrivains encyclopédistes, mathématiciens confessent l'âme et Dieu créateur et juge. Ils sont les chefs d'une secte qui vous entraîne en syrène dans l'espace où vo-

guent., *selon leur opinion*, des mondes inconnus.....
Ce système est la religion du siècle : le chiffre est
à la place de la figure ; le bel idéal n'est plus aux
cieux !

Mon père ambitionnait pour moi un maître de
mathématiques; la modicité de sa fortune l'empêcha
de satisfaire à ce désir, ma religion m'en a servi.

Il étudiait la nature dans le microscope plus que
dans les astres, et pendant vingt-trois ans il obser-
va le thermomètre aux Antilles. Il m'expliquait
quelques effets d'électricité et d'optique. Dans mes
jours de vacances, il établissait sur son balcon une
chambre noire, spectacle charmant dont on vient
d'obtenir le daguerréotype ; d'autres fois, il préparait des lentilles pour des démonstrations micros-
copiques. La plus intéressante était la goutte d'eau
prise dans l'huître ; la semence est uniforme, elle
a une grande vivacité, c'est probablement le souffle
digestif de l'animal. La mer est une matrice sur laquelle plane l'esprit selon Moïse. Les éponges sont
des glandes salivaires communes aux coquillages
élaborant l'air en mâchant les eaux depuis l'abîme
jusqu'à la nue, c'est là le mouvement. Le flux pro-
jette ces semences qui sont peut-être les sels végétaux particuliers aux terres sur lequel il s'abat !

Pourquoi, mon père, me fis-tu parcourir ces longues galeries renfermant ces statues ravies à l'Italie? La Vénus de Médicis, l'Apollon du Belvédère,
le Laocoon, tant d'autres ! La statue était un culte,

elle n'était pas un sujet de scandale pour Virginie,
Lucrèce et Cornélie! Pourquoi en serait-elle un
pour la chrétienne? O sage Mozard, tu étudiais ta
fille, tu savais qu'il est une nature voilée, quoique
nue, tu voulais fortifier sa pudeur, tout en la faisant marcher libre et pure dans les sentiers de la
vie, tracés par les progrès de la science; je t'ob-
servais qu'il était peu convenable que j'allasse au
Musée, et tu me répondais : pourquoi donc? n'y
a-t-il pas des statues dans tous les jardins publics ?

VII

L'événement le plus remarquable de mon adolescence fut ma première communion. Mon père,
chrétien par l'éducation qui le destinait à entrer
dans les ordres, se rangea plus tard, par esprit
d'indépendance, sous les bannières de la philosophie moderne; doutant plus par humilité que par
irréligion que Dieu se soit fait homme. N'admettre
les métamorphoses que comme des fables, les écritures saintes que comme d'ambitieux calculs religieux, c'est ressembler à ces savans de tous les
siècles, qui n'ont su que nier toutes les religions

sans pouvoir s'en créer une. On peut les comparer au nautonnier de Métastase.

Va solcando un mar crudele
Seuza vele
Seuza sacte
Freme l'onda, il ciel s'imbruna.
Cresce il vento, e manca l'arte
E il voler della fortuna
E costretto a seguitar (1).

L'évangile convient à toutes les convictions comme morale. Voltaire dit : *Il faudrait l'inventer s'il n'était connu ;* et Jean-Jacques confesse *qu'il est si divin qu'il ne peut être d'invention.* Mais l'admirer ou s'en faire l'apôtre est bien différent ; mon père me disait : Dans toutes les croyances, je vois *Dieu*, j'interroge ma conscience et j'admire la nature. Je suis aussi respectueux dans un temple protestant que dans une église catholique. Je prie Dieu dans une mosquée, dans un désert, et même dans une pagode. Finalement il m'approuvait dans les raisonnemens de ma jeune éloquence, qui, dirigée par l'instruction de ma première communion, s'appuyait du catéchisme et des saints testamens. Il respectait la foi qui présidait à l'action à laquelle je me préparais : l'importance ou la négligence

(1) Il va sillonnant une mer orageuse sans voiles et sans haubans; l'onde frémit, le ciel s'obscurcit, le vent s'accroît, et la science, pour se diriger, manque au nautonnier. Il est obligé de se soumettre à la nécessité de sa fortune.

qu'y apporte la jeunesse doit faire présumer de sa conduite future.

Il y avait une chapelle chez madame Chevremont et la messe y était dite par un vicaire de Saint-Roch. On pouvait y aller prier à toute heure, sans aucune pensée d'y être vue, admirée ou critiquée. Le recueillement en était la conséquence. J'avais treize ans ; c'est l'âge où la nature se prépare à faire subir à la jeune fille une révolution de tempérament qui affermit ou détruit sa santé. Mon père, pressentant constamment le danger de cette époque, avait prié mon institutrice de m'y préparer, en m'éclairant sur ce qui devait m'arriver. Cette sollicitude d'un homme sage est la prudence qui apprend ce que la pruderie souvent laisse ignorer : beaucoup d'accidens sont la suite d'une autre méthode. Cette révolution de la nature se fit presqu'au moment où je fus initiée à ma religion. Couronnée des dentelles de ma mère, vêtue d'une robe de mousseline brochée à colonnes torsées, doublée de taffetas blanc, agenouillée au milieu de la chapelle, entourée de mon père et de toutes mes compagnes, je reçus le Seigneur avec amour et piété. Ce jour-là montra la défaite du philosophe sur la figure de mon pauvre père. Suffoqué de pleurs, on comprit son cœur religieux et sensible. Quelques jours après, je fus confirmée par M. l'évêque de Saint-Papoul. Fier de présenter sa fille pure et formée à tous ses amis, mon père me fit faire visite à tous, parée de mon vêtement virginal.

Pendant les années qui suivirent, je m'élevais dans la pensée que je quitterais au premier moment mon pensionnat pour voyager avec mon père, à qui M. de Talleyrand donnait l'espoir d'être employé de nouveau dans la diplomatie. Napoléon, à ce que je crois, avait été proclamé empereur, et avait fait venir à Paris le pape Pie VII pour le sacrer. Je crois aussi que vers cette époque eut lieu l'expédition contre Toussaint-Louverture. Du moins, j'entendais parler de la possibilité de voir relever la fortune de mon père à Saint-Domingue ; ses conversations avec d'anciens colons m'apprenaient combien il était à craindre que des intérêts si grands pour les victimes les plus accablées et les plus innocentes de la révolution française ne fussent mis entre des mains inhabiles, par le peu de connaissance qu'on avait du climat et de la géographie du pays. On savait, à n'en pas douter, combien le nègre regrettait la domination française. Un arrangement à l'amiable aurait pu rendre aux anciens propriétaires la terre qu'ils auraient fait valoir en payant comme domestiques leurs anciens esclaves, et leur mise en possession, à la charge par eux d'acquitter un emprunt, aurait ménagé bien des hommes et consolé bien des misères.

Ce fut pendant son exercice à Boston, que mon père fit venir du Port-au-Prince, par mon oncle

Maximilien les papiers qu'il avait sauvés des flammes et ceux qu'il était nécessaire de faire lever
à l'intendance.

Mon père trouvait beaucoup d'esprit et de littéra-
ture à madame Chevremont, quoiqu'elle ne mît pas
l'orthographe ; j'avoue que j'eus le tort, comme
une jeune présomptueuse, de refuser d'apprendre
d'elle la signification de l'habit du prêtre officiant,
m'autorisant d'un père philosophe pour éviter d'é-
couter ce qui me semblait devoir être fort ennuyant.
Il en fut de même pour les prières dites en latin que
je déclarai ne pouvoir apprendre par cœur : *papa
veut que je comprenne tout ce que je demande à Dieu.*
Est-ce donc une raison, ma fille, me disait-elle, pour
que je ne te fasse pas connaître les lois de l'église
qui a ses motifs pour ne pas descendre à la langue
vulgaire? Si chacun exigeait des explications (même
dans les prières traduites en français) on dispute-
rait, au lieu d'implorer de Dieu le pain de chaque
jour. Ces systèmes reposent sur le cours des astres,
le lever, le coucher du soleil, sa forme, son mouvement. Ce serait le moindre des inconvéniens d'expliquer les Psaumes (1).

(1) *Gazette américaine,* 11 juin 1785 :

Extrait d'une lettre de M. D. L. MOREL *au rédacteur*
(mon père).

« S'il vous reste quelque place dans vos feuilles, obligez-moi de
la remplir d'une idée ou vision que je donne pour ce qu'on voudra,

C'était mon père qui prêtait les livres nouveaux pour les lectures faites en commun au salon de madame Chevremont. Tour à tour nous lisions des orateurs chrétiens et des romanciers. Une fois, je lisais une nouvelle des *Nouveaux contes* de Marmontel ; à cette phrase : *Figurez-vous Apollon en robe de chambre d'indienne*, etc., je suis frappée d'une commotion subite, le livre me tombe des mains et madame Chevremont debout, devant moi, me dit

sans prétentiou, pas même de la nouveauté ; il y a dix ans que je l'ai conçue, elle peut avoir germé dans d'autres cerveaux : *trado illam disputationibus*. Tous les physiciens et avec eux Newton et M. de Buffon regardent le soleil comme un corps embrasé, dont la chaleur se communique à nous à une distance de quelques millions de lieues ; et ces deux physiciens, pour alimenter cette fournaise et réparer la déperdition de substance de cet astre brûlant, lui envoient par intervalle quelque comète. M. de Buffon même, par l'incidence projective d'un corps de cette espèce sur la superficie du soleil, en détache une six-centième partie, dont il forme notre système planétaire. Je suis plein de vénération pour le système de ces savans, mais j'ai une autre idée ; la voici :

Je pense que le soleil n'est pas, à proprement parler, le principe de la lumière.

Qu'il n'y a pas d'obscurité absolue.

Que le soleil n'est point chaud,

Que la lumière n'est point chaude par elle-même.

Que le soleil est un miroir ardent, et que c'est par ce moyen qu'il échauffe.

Je généraliserai mes idées, abstraction faite des accidens des causes locales, qui peuvent apporter des changemens, des modifications sans nombre.

L'obscurité n'est que relative : plusieurs animaux et quelques hommes voient dans une nuit obscure ; la lumière blesserait leurs avec l'accent de l'indignation : Je n'aurais jamais soupçonné M. votre père de manquer aux convenances du bon goût : comment m'envoyer un livre écrit avec un aussi mauvais ton? Plus de calme de sa part nous aurait fait apprécier la délicatesse du sien ; nous en jugeâmes autrement : nous quittâmes la lecture en riant comme de jeunes folles, nous courûmes en folâtrant et chuchotant entre-nous : *Figure-*

organes ; peut-être qu'à la longue la lumière d'un cachot suffirait pour nous faire voir.

Ne peut-on pas dire que la lumière est universellement répandue dans l'espace? Ne pourrait-on pas croire qu'il se fait continuellement une émission du fluide lumineux de tous les corps, en raison de leurs parties constituantes et de leur état actuel? Que ce fluide lumineux, qui vague dans l'air, le plus perméable des corps, en raison de sa pureté, est réfléchi et réfracté par tous les corps de l'univers, de mille manières différentes, mais que ces rayons lumineux, ainsi réfléchis et réfractés, sont trop rares et insuffisans pour produire la sensation de la vue, qui ne peut être excitée que lorsqu'un corps quelconque en réfléchit ou en produit une assez grande quantité. La neige nous donne, pendant la nuit, le moyen de voir. Pendant un temps serein, la lune nous permet de voir jusqu'à un certain degré ; mais ces corps ne réfléchissent pas une assez grande quantité de rayons lumineux, ne les groupent pas, ne les rassemblent pas en assez grand nombre pour donner à notre organe toute l'énergie dont il est susceptible.

Le soleil, selon moi, faisant l'office d'un miroir ardent, réunit, eu égard à sa prodigieuse surface, un volume immense de rayons lumineux qu'il reçoit de tous les points de l'univers, et les fait coïncider en assez grand nombre pour nous éclairer en un foyer d'un diamètre quelconque ; mais on ne peut pas plus le regarder comme le principe de la lumière qu'un réverbère.

Supposons au soleil un degré de chaleur ; ce n'est sûrement pas ce degré de chaleur qui nous échauffe ; ce n'est sûrement pas non *toi Apollon en robe de chambre d'indienne*, cela est drôle, il faut qu'une religieuse entende du mal à tout... quant à moi, je n'y entends rien de mal... Que dirait-elle donc de notre chanson de caserne...

> Un pied chaussé et l'autre nu,
> Pauvre soldat d'où reviens-tu?
> Je reviens de la guerre.
> Je m'en f... tra la la la.

plus la lumière qui nous échauffe ; elle n'est pas chaude par elle-même. Le soleil, comme j'ai dit, faisant coïncider un volume prodigieux de rayons lumineux à un foyer quelconque, ces rayons, dont le cours est très rapide, s'échauffent par le frottement, qui augmente en raison de l'espace plus resserré qu'ils occupent. On doit donc sentir la chaleur en raison du point de réunion des rayons lumineux, ou autrement du foyer du soleil, qui ne peut pas être plus regardé comme le principe de la chaleur, qu'un miroir ardent dont il fait l'office. La lumière elle-même est à cet égard comme les autres corps qui s'échauffent par le frottement, et ne sont pas chauds par eux-mêmes.

Cette idée ne s'accorderait-elle pas mieux avec l'œuvre des six jours? Dieu dit : *Que la lumière se fasse, et la lumière fut faite.* Il créa ensuite deux luminaires ; un pour le jour, l'autre pour la nuit. Leur office ne fut donc pas d'éclairer par eux-mêmes, mais seulement de rassembler les rayons de la lumière, et de les réfléchir selon leur surface. Nous sommes convaincus que la lune réfléchit divergément les rayons lumineux; pourquoi ne serait-il pas dans l'ordre que le soleil réfléchît convergément les rayons de lumière, et qu'il éclairât et échauffât par ce moyen tous les corps qui se trouveraient dans sa sphère d'activité?

Voilà mon système en raccourci, qui, je crois, ne contredit en rien les principes de dioptrique et de catoptrique. Il est vrai qu'il détruit les raisonnemens que M. de Buffon a étayés par un calcul savant, dont le résultat donne des approximations bien favorables à son système, etc.

Cette histoire circula des classes dans tous les dortoirs.

J'avais un goût décidé, non seulement pour le théâtre, mais aussi pour jouer la comédie en proverbes improvisés. Gessner et Florian étaient mes auteurs favoris. Je donnais toutes les mille bagatelles que je rapportais de chez mon père pour me faire une petite troupe à mes ordres. A la Sainte-Catherine, fête où madame Chevremont engageait les parens, mon père lui conseilla de nous faire jouer une pièce du *Théâtre des jeunes élèves* qui avait alors un grand succès. C'était : *la Pension des jeunes demoiselles*. Cette comédie était en vers. Ce fut mon père qui nous fit faire les répétitions. Je faisais la maîtresse de pension, rôle où je fus fort applaudie. Mon père aurait assez goûté que je prisse la carrière du Théâtre Français, se flattant que je pourrais devenir une Mars ou une Duchesnois; mais j'avais des principes trop sévères pour me montrer ainsi en public, joints à une grande timidité, obstacles réels pour cet état. Ma susceptibilité était si puérile que je pleurais à la moindre observation qu'il me faisait; j'avais alors, si je croyais mon père fâché contre moi, de ces désespoirs d'enfant à conserver les yeux fatigués pendant plusieurs jours. Cette exaltation le rendait malheureux. Après avoir mûrement réfléchi, craignant pour moi le danger des romans à l'âge où les passions s'éveillent, il en prévint l'époque en m'en faisant lire beaucoup à celui où mille intérêts enfantins amortissent l'effet de ces lectures.

Ce tendre père me parlait des chagrins qu'une jeune personne donne à ses parens et à elle-même en ne se prémunissant pas contre une inclination, modérée dans le principe, et qui, plus tard, surmonte tout autre sentiment. Il irritait aussi mon amour propre par le danger d'être l'objet de l'abandon, du mépris et de la moquerie de ces amans qui ne nous flattent souvent, nous disant belles, que pour rire de notre présomption et de la facilité avec laquelle nous nous laissons adorer comme des idoles dont le culte amuse leur vanité.

Ce tendre père me comparait à la sensitive; cette plante était presque toujours soignée dans son cabinet d'études. A ma pension, on me donna aussi pour emblème la violette double (symbole de véritable amitié); on me nomma aussi mouche, ayant apporté un bijou en fer, épingle mignonne ayant pour tête une *mouche*. Enchantées de cette nouveauté, mes compagnes la regardèrent comme une chose charmante et désirable; elles me donnèrent ce nom par amabilité, en raison de ma légèreté dans nos exercices de récréation.

Mon père n'ayant point d'épouse pour m'instruire des points de morale et de conduite de la vie intime me mit entre les mains un recueil de maximes écrites de sa main. Je me rappelle les principales, concernant la conduite d'une femme et les soins qu'elle se doit pour plaire à son époux.

Au premier rang était l'ariette du *Sylvain*, musique de Grétry.

Ne crois pas qu'un bon ménage
Soit comme un jour sans nuage ;
Le meilleur, même au village,
A ses peines et ses soucis :
Mais les graces de ton âge
Les ont bientôt éclaircis.

L'homme est fier, il est sauvage ;
Mais dans un doux esclavage,
Quand c'est l'amour qui l'engage,
Il perd toute sa fierté.
Il renonce à son empire,
C'est en vain qu'il en soupire :
Un regard sait le séduire.
Il ne faut pour le réduire
Qu'un sourire de la beauté.
Une femme jeune et sage
A toujours tant d'avantage !
Elle a pour elle en partage
L'agrément et la raison;
Douce humeur et doux langage
Font la paix de la maison.

Souviens-toi d'être toujours vraie, ma chère Laure : pour faire excuser tes fautes, avoue-les, surtout à ton père, qui doit tout savoir de toi si tu veux qu'il guide ton inexpérience.

Sois fidèle à la propreté, plus nécessaire que la coquetterie. Elle doit en avoir cependant toutes les recherches, car la santé et la fraîcheur se conservent par elle. Les soins de sa personne d'abord, ceux du vêtement ensuite.

Dans l'habit même, le goût et la propreté sont préférables à la richesse et à la mode.

La propreté sur elle-même rend une femme plus belle aux yeux d'un époux que la régularité des traits du visage et la perfection des formes.

N'emploie que de l'eau pure; la meilleure des odeurs est de n'en pas avoir d'étrangères à sa nature.

Porter des fleurs et des essences nuit au cerveau et à celui des personnes dans la société desquelles nous sommes placés. En avoir dans sa chambre à coucher peut coûter la vie. Appuyant le précepte de l'exemple, il fit devant moi cette expérience : il mit une bougie allumée dans une bouteille où il y avait des fleurs; la bougie s'éteignit; il en ôta les fleurs, elle y brûla.

S'il y a un charme capable de fixer un époux, c'est l'économie bien entendue, l'ordre et la propreté.

L'homme est chargé le plus souvent des affaires du dehors; il doit trouver à son retour au logis un accueil riant et empressé qui le dédommage des ennuis et des difficultés de son travail hors de chez lui.

L'homme instruit a besoin d'épancher ses idées. Tu aimes l'homme capable; instruis-toi donc, ma bonne amie, pour comprendre le mari que tu désires et élever tes fils avec discernement et leur faire aimer l'étude en étudiant avec eux.

Sois adroite et laborieuse pour élever tes filles et entretenir avec le luxe de l'économie et de la propreté le linge et les meubles de ta maison.

Ne refuse rien à l'époux ; réponds toujours à ses caresses sans les provoquer. Le mari le plus aimant a besoin de n'être pas importuné. Occupé souvent d'affaires sérieuses, si tu allais à lui dans un moment où il a besoin de réfléchir, tu pourrais en être accueillie froidement ou essuyer un refus qui t'offenserait, car tu es susceptible et impressionnable autant que sensible. Ce serait peut-être assez pour altérer ton amour pour ton époux, sans qu'il y eût d'autre motif qu'une avance faite à contre-temps et qui' eût été désirée quelques minutes plus tard.

L'acte du mariage passé à l'église et à la municipalité est celui qui lie un homme à sa femme ; là sont renfermés les devoirs mutuels des époux. Le contrat de mariage doit, ce me semble, rendre leurs intérêts communs et assurer les biens comme usufruits au dernier vivant quand on a des enfans ; dans le cas contraire, *ad libitum.*

Sois plutôt dupe que de tromper.

Rends-toi indépendante de l'opinion du vulgaire, pourvu toutefois que dans les actions propres à ton sexe et à la position que tu tiens dans la société tu ne heurtes aucun des principes de la modestie, ni des convenances ; car *ton honneur appartient d'a-*

vance à l'époux que tu auras. Ainsi que l'homme devrait faire dans ce qui regarde *son honneur* qui est une protection pour la femme qui doit *porter son nom.*

Rends-toi indépendante de ton père même, tâchant de te suffire, car la fortune est capricieuse : riche aujourd'hui, demain ruinée : ne compte que sur ton éducation pour t'établir dans le monde.

Me promenant avec mon père dans mes jours de vacances, pendue à son bras paternel, il me conduisait du café au restaurant après avoir passé la matinée chez lui, parlant sciences ou affaires. J'étais honteuse d'entrer dans ces lieux publics où les femmes allaient peu à cette époque. Au lieu d'y être gaie, mes yeux se mouillaient par timidité. Pourquoi rougir, me disait-il, de paraître dans le monde quand tu es protégée par ton père et forte d'innocence et de pudeur ? Sois sûre qu'un homme ne manque jamais à la femme qui se respecte elle-même.

Allons, ma chère Laure, pour te donner de l'aplomb dans ton maintien, marche devant moi pour apprendre à te passer d'un bras et d'un guide dans la route que tu as à suivre.

Pour me forcer à bannir toute timidité puérile, tu voulais m'habituer doucement à sortir seule. Voyant mon extrême répugnance à me hasarder dans les rues de Paris, tu me priais d'essayer sous tes yeux à faire quelques emplettes au marché qui était alors sous les croisées de ta maison, rue Montmartre, où nous étions logés. Descends, chère amie, et va acheter cette botte de radis roses pour ton déjeûner et quelques pommes de fenouillet qui s'ajouteront au dessert de notre dîner : mes yeux te suivront du balcon.

Je n'ai pas de fortune à te donner, à moins que le bonheur ne te destine un mari laborieux et intelligent qui se laisse guider par mes conseils, pour faire valoir ce que nous avons à Saint-Domingue. Un mari peut y trouver de grandes ressources et te rendre fort riche ; jusque-là il faut que tu aides ton sexe à étendre les limites trop bornées où on retient les femmes dans l'emploi des facultés qui leur sont propres. Ne vois-tu pas, ma fille, que les hommes, outre le privilége des hautes fonctions du génie, s'emparent des états qui devraient être réservés exclusivement à ton sexe ?.... Pourquoi l'homme coud-il ? Pourquoi la femme porte-t-elle des fardeaux ?...... Depuis passé trente ans que mon père me tenait ce langage les femmes ont acquis l'indépendance de se mettre journellement à une table d'hôte, de manger avec coquetterie des sorbets à la rotonde du Palais-Royal, de décider en reines de la carte d'un dîner chez Véry. En cela, la femme a reçu son émancipation et j'étais une petite sotte de trouver mon père original et chagrinant d'y préparer sa fille.

La grande leçon pour me prémunir contre une séduction d'amour, qui m'entraînerait, sans le prendre pour mon confident, fut l'histoire de ma mère.

VII

Nous étions assis l'un près de l'autre sur un canapé derrière lequel était une grande bibliothèque
dans un salon à deux croisées, ayant un balcon en-
combré d'oiseaux et de fleurs, donnant sur le marché, rue Montmartre. Notre logement, au premier,
était cher et trop vaste pour la fortune de mon père
et trop petit pour les instrumens de physique et
d'histoire naturelle dont il était rempli.

C'était le 17 août, jour anniversaire de ma naissance. Mes quinze ans venaient de s'accomplir. Je
rappelai à mon tendre père qu'il m'avait fait la pro-
messe de me conter l'histoire de ma mère, quand
je serais une fille *raisonnable*. Je t'ai promis, ma
chère, de te la dire pour te conserver *fille sage.*
Ce récit est une leçon pour te prémunir contre les

séductions qui environnent ta jeunesse. Il faut que les malheurs de ta mère soient comme un signal qui éclaire les écueils de la route que ta destinée te prépare. Je suis père et ne puis comme homme veiller sur toi d'une manière intime. Ta confiance en moi sera arrêtée par mille détails qui effarouchent la pudeur d'une jeune femme. Cependant, il faut que j'aie toute ta confiance dans les pensées que tu auras concernant l'homme que tu désireras épouser ; il faut que ta sincérité soit la prudence qui t'arme contre une déclaration qu'on te ferait à mon insu. Quand tu seras mariée, c'est à ton époux à me remplacer ; tu lui diras alors toute ta pensée, même si elle coûtait à ta franchise; une petite faute avouée en prévient de grandes. Que la vérité éclaire toutes tes actions ; tu resteras pure à tes yeux et à ceux de ton époux. La catastrophe qui m'enleva ta mère n'aurait pas affligé ma vie, si elle avait eu confiance en moi.

J'étais au Cap pour affaires ; j'y dînais à une table d'hôte. Parmi les pensionnaires se trouvait une jeune femme enceinte et fort triste. Je m'informai qui elle était. J'appris qu'elle venait de France, débarquée depuis peu avec un monsieur qui s'était mis en pension dans la maison, la présentant comme sa femme et par lequel elle venait d'être abandonnée, n'ayant aucune ressource et ne connaissant personne dans la colonie. La tenue décente de cette jeune infortunée m'attira vers elle ; je m'y intérsssai, et me plaçant près d'elle au repas qui suivit les informations que je venais de prendre, je lui dis, sans galanterie, mais avec effusion : madame, j'ai appris vos malheurs, disposez de moi ; déclarez vos embarras à un honnête homme qui désire vous obliger avant de quitter la ville, s'il peut vous être utile ; il sera payé par la satisfaction qu'il en aura. Elle répondit par des pleurs et par un regard baissé, timide et déchirant, qui m'indiquait qu'elle allait être mère. Je suis née à Dijon, j'ai fui la maison paternelle et mes chers parens établis à Paris, pour suivre un jeune homme que j'aimais et qui passait aux îles et me soustraire à un mariage pour lequel j'avais de la répugnance. Mon amant m'avait promis de m'épouser aussitôt notre arrivée au Cap et il vient de m'abandonner, ne me laissant aucune ressource.

Tu sais, ma fille, que mes presses étaient au Port-au-Prince et que j'étais rédacteur de la *Gazette Américaine*. J'y retournai après avoir donné à la jeune femme l'argent nécessaire pour faire ses couches et payer ce qu'elle devait dans l'auberge où je la laissais. La conduite indélicate de ton oncle Alexandre Mozard, qui venait d'épouser la femme que j'aimais, me rendait difficile tout autre engagement d'amour. Je voulais rester libre.

Un matin que j'étais occupé chez moi à la feuille que j'écrivais, une jeune femme, ayant un enfant dans les bras, se présente et vient tomber dans les miens. Une robe d'indienne, fond blanc à bouquets de bluets, ceignait une taille svelte et charmante; le corset français était un maintien, non une gêne. Un chapeau de paille protégeait un front ouvert; une chevelure brune, adoucie par la poudre, soignée et bouclée à la française, donnait de l'ensemble et de la grace à des yeux expressifs et vainqueurs. La bouche de ta mère avait une perfection de contour et de fraîcheur peu commune; elle souriait en même temps que des larmes s'échappaient de sa paupière. Cette parole muette fut l'interprète d'une pauvre délaissée qui venait demander asile et protection. Homme sensible, je sentis que j'étais destiné à la sauver du désespoir. Tu vins au monde, ma chère Laure, neuf mois après cette hospitalité. L'enfant qu'elle avait portée avant toi mourut, ayant vécu peu de temps. Les femmes enceintes ont besoin de calme, et des épreuves telles que celles qui avaient été imposées à ta pauvre mère par son perfide suborneur avaient empêché son enfant de profiter dans son sein.

Aussitôt ta naissance, tu fus idolâtrée de ton père. Tu n'eus de nourriture que le lait de ta mère qui souffrit de grandes douleurs à te donner le sein; son amour pour toi lui inspira seul le courage de les surmonter. Je voulus te donner mon nom, ma chère fille, et tu fus le gage que ta mère m'apporta en dot.

La religion cimenta notre union. Ma protégée

devint mon épouse. M. Wante, que tu connais,
était membre du Conseil supérieur du roi, au Port-
au-Prince. Il fut témoin à ta naissance, ainsi qu'à
l'action solennelle qui, en rétablissant ta mère dans
l'opinion publique, te légitimait ; il est à remarquer
qu'il faut une année de séjour à la colonie avant
de pouvoir contracter mariage.

Tant que ta mère fut ma maîtresse, chacun en-
viait mon bonheur. Mon intérieur était d'une égalité qui témoignait des égards et de la reconnaissance de celle qui tenait ma maison. Quand elle
fut mon épouse, s'enorgueillissant de mon nom et
de ma position, elle devint fière avec les voisines
et apporta de la négligence dans la surveillance des
nègres et négresses chargés de la table. Ils sont
sales et je tiens à la propreté surtout dans la cuisine. Des rapports, en outre, me furent faits sur la
gestion du commis de la librairie ; beaucoup d'objets de papeterie disparurent, je le renvoyai ; il alla
de chez moi monter une maison au Cap. Je devins
chagrin, un soupçon horrible traversa mon esprit.
Ta mère venait de donner le jour à ton frère, elle
l'allaitait et depuis lors elle semblait le préférer
à toi et te négligeait. Un reproche jaloux s'échappa
de mes lèvres en étreignant les siennes avec ardeur. Me rendant à l'intendance où je travaillais
tous les matins, je fus obligé de revenir sur mes
pas, ayant oublié quelques papiers relatifs à mon
travail. Ta mère troublée crut que c'était pour la

surprendre. Une explication assez vive s'engagea. J'étais souffrant et ma santé avait nécessité
la demande d'un congé pour aller en France me
rétablir. J'avais un an pour effectuer mon retour
à la colonie et j'étais sur le point de m'embarquer;
j'avais confié ma procuration à ta mère (1) et mis à
ma place M. Huard pour la rédaction de la feuille.
Mes malles étaient presque scellées; j'attendais les
commissions dont on me chargerait dans l'intérêt
de mon commerce. Ta mère comprit que je la soup-
çonnais d'infidélité; elle s'arracha de mes bras,
disant : Tu sais tout........ Pressé d'aller à mes
affaires je ne pus la calmer; quand je revins près
d'elle, elle était en proie à des douleurs atroces,
elle s'était empoisonnée avec de l'arsenic..........
Mon désespoir ne peut s'exprimer; toute la ville
s'empressa de protéger les secours qui lui furent
administrés; des efforts inouïs furent faits pour
l'arracher à la mort. On eut un moment d'espoir;
mais un gros grain resté dans l'estomac fit échouer
tous les résultats satisfaisans obtenus par les éva-
cuations. — S'enlaçant dans mes bras, elle me répétait : Bon Dieu! m'aurais-tu donc pardonnée!!!
Elle ne voulait pas d'autre confesseur que son
époux; elle rendit l'ame, regrettant de n'avoir pas
assez compté sur mon indulgence et me faisant l'a-
veu qu'elle voulait quitter la maison pour rejoin-

1) C'est inscrit sur l'affiche américaine année 1791, 3 août.

dre son amant, se chargeant de son fils.... J'aime
à croire que ce projet devait s'effectuer avant mon
départ pour la France...... Le trouble de sa conscience la fit se donner la mort, plutôt que de supporter l'immense regret d'avoir conçu l'idée d'un
tel parjure!....

Mon père cessa de parler... Un long silence ne
fut rempli que par nos sanglots!...

Tu comprends, ma fille, que la tâche que je
viens d'accomplir en rouvrant une plaie déchirante
est la grande leçon que je devais à ma tutelle. Les
fautes de ta pauvre mère doivent être ta Minerve.
Juge-moi et apprécie le cœur de ton père. A peine
ai-je fermé les yeux de ma femme que l'incendie
m'enlève ma fortune et mes places et que je suis
contraint de fuir la colonie, m'embarquant avec
une fille âgée de trois ans, peu d'argent et quatre
nègres, non pour me servir, mais pour les vendre
sur la route et payer mon passage en France. Tu
sais que la révolution française a couronné le colon
comme martyr; l'arche du salut fut brisée; la métropole en danger ne put venir au secours des premiers naufragés.

Quant aux parens de ta mère, avec lesquels j'a-
vais essayé de contracter des liaisons amicales, il
fallut cesser tous rapports. Leur conduite fut aussi
injuste qu'extravagante; ils m'écrivirent des lettres
remplies d'injures aussitôt qu'ils apprirent la résidence de leur fille; me confondant avec son ravis-

seur, ils me firent porter le poids de leur courroux et de leurs vaines prétentions pour les indemniser du rapt dont ils m'accusèrent. Le manque d'éducation donnait à leur plume les expressions triviales et ordurières de gens de la plus basse extraction. Ils m'inspirèrent autant de dégoût que d'humeur.

Je demandai à mon tendre père s'il savait ce qu'ils étaient devenus. Ta grand'mère se nommait l'Abbé, était native de Bleize-en-Bourgogne et avait épousé Pierre Veillaton, qui était venu s'établir à Paris. Ils étaient aisés et faisaient leur idole de leur fille unique qu'ils habillaient en riche bourgeoise. Ton grand-père vit encore, quoiqu'ayant plus de quatre-vingts ans. Sa femme est morte à l'hospice. Le découragement et la révolution les ont ruinés; étant tapissiers-brocanteurs, la chute des livrées a perdu leur commerce.

Cher papa, lui dis-je, je sens vivement les torts qu'ils ont eus avec toi, et tout le respect et l'amour que je te dois pour le courage que tu as mis à m'élever. Ma vive reconnaissance n'avait pas besoin des nouvelles preuves que j'acquiers des sacrifices énormes que tu as faits en me sauvant du désastre de l'incendie, y laissant mon pauvre petit frère. — Je ne pouvais le prendre avec moi dans un moment si grave, au sein d'une nourrice, et âgé seulement de quelques mois. Je ne m'attendais pas à la révolution qui a changé le gouvernement de la France, *puisque le roi avait accepté la constitution.*

Malgré mes pertes, ma position était encore fort belle ; je venais ici réclamer une indemnité pour mes presses, me faire payer de mes imprimés, et avant une année révolue, je devais être de retour à Saint-Domingue. Ton frère fut envoyé sur l'habitation près de la ville avec les nègres et négresses, et les meubles sauvés de ma maison de ville. Barbot avait ma procuration pour faire les recouvremens d'argent près de mes nombreux débiteurs. Mais Dieu dispose, mon enfant, des hommes et des choses. La révolte fomenta de nouveaux troubles, ta patrie fut un pillage, puis un volcan. — Cher papa, je désire, malgré ses torts, connaître le père de ma mère. — Tu seras satisfaite, je vais l'inviter à dîner.

Le jour tant désiré arrive où je vais connaître celui qui donna le jour à ma pauvre mère. La bonne qui servait mon père vint me chercher à ma pension. Je m'habille avec une robe de soie gris perle, chaussée de souliers d'étoffe, et j'arrive dans une agitation pleine d'impatience et d'amour, rouge comme une jeune fille à qui on va parler de mariage et tremblante et incertaine de l'effet que je ferai sur celui que je désire connaître. Cette sensibilité faisait peine à mon pauvre père. Combien je crains pour toi des désillusions, pauvre enfant! Faut-il que tu sois organisée comme moi et qu'un cœur si vrai soit dupe dans un désir si pur!

Depuis mon arrivée près de papa jusqu'à l'heure

du dîner, je ne pus ni lire, ni faire de musique; j'accablais mon père de caresses pour qu'il m'excusât dans mes allées et venues de sa chambre au balcon, cherchant à combler les heures pour les faire marcher plus vite, et mes regards inquisiteurs et avides questionnaient les battemens de mon cœur, cherchant parmi les passans celui qu'il devinerait. Enfin, à l'approche d'un grand vieillard, droit, d'une mise propre, d'une taille noble, s'élevant au-dessus de toutes celles des personnes qui circulaient dans la rue, je m'écriai : Le voilà ! Mes deux mains retiennent les pulsations qui m'ôtent la respiration, et je cours éperdue sans m'informer davantage.... Je suis dans la rue, m'arrêtant devant lui. Il n'ouvre pas ses bras, mais je m'y jette... Ce moment fut un délire. Je protége son arrivée près de mon tendre père. Cette belle et haute taille, cette figure régulière, sans rides et chargée de tant d'années, c'est le père de maman ! c'est lui qui lui donna la vie ! c'est encore lui qui la pleura, quand il ne la vit plus au foyer, aux repas où jadis il s'enorgueillissait de ma mère, de ma mère qui m'allaita avec tant d'amour et dont je déchirai le sein si jeune et vierge encore !... Étudiant ses traits, les ajustant d'après la peinture que mon père m'en avait faite, je voyais le geste, j'entendais le son de voix qui avait animé l'idole que mon cœur avait si souvent invoquée. Une mère, ah ! qui peut remplacer une mère quand on arrive à quinze ans ! Seul regret éprouvé jus-

qu'alors : qu'il serait doux de ne la pas pleurer !
qu'il est triste d'être privée de mère ! J'écoutai avidement des détails sur sa fuite; je voyais les
pleurs amers qui s'exhalaient encore en racontant
les malédictions des hôtes de la maison paternelle
contre le cruel ravisseur d'une si belle fille qui les
quittait quand elle était leur gloire ; car aucune
parure ne lui était refusée : « Paniers, pouffs, bi-
» joux, sa femme et lui la menaient à Versailles ;
» les yeux des officiers du roi se fixaient sur elle,
» comme étant la plus belle. Ils embrassaient de
» leurs mains sa taille si mignonne, mais son air
» était celui d'une souveraine : elle ordonnait aux
» regards le respect. Ce corsage voluptueux, paré
» de jeunesse, l'était aussi de joyaux. » Pourquoi
avez-vous cherché à la contraindre d'épouser son
oncle? lui demanda mon père. — Esclave des moin-
dres désirs de mon enfant, aurais-je donc forcé sa
volonté? Non, non, nous ne l'avons jamais persécu-
tée : trop de faiblesse, au contraire, fut sans doute
la raison qui nous la fit perdre. Nous consultant sur
son inclination, nous n'y eussions jamais accédé,
puisqu'elle nous enlevait notre fille, notre Anna !
Elle nous quitta pour aller en Amérique. Cette
créature renia sa patrie, ses parens pour…. Il se
courrouça : des reproches, des injures semblèrent
s'adresser à mon père…. Je baissai les yeux, et
m'éloignant de lui, timide, repentante, je me mis à
genoux près d'un généreux père dont les bras s'ou-

vrent pour me bénir. Me serrant sur son cœur, il cherche à calmer mes sanglots. Impassible, froid de paroles et de sentimens pour sa petite-fille, mon grand-père demande des secours. — Je suis gêné, monsieur, lui dit son gendre : depuis quatre ans, je sollicite une place et je n'obtiens rien. Mes charges s'augmentent avec l'âge de ma fille; son éducation n'est pas encore achevée. Cependant, si Laure croit pouvoir se passer de sa maîtresse de broderie, je vous offrirai l'argent qui s'emploie à cette étude. J'y consentis avec empressement.

Je ne revis plus mon grand-père, parce que le mois d'après celui où j'avais dîné avec lui, venant chercher les dix-huit francs promis, il les mit dans sa poche sans remerciement, s'achemina gravement vers l'escalier sans saluer mon père, descendit et s'arrêtant sous le balcon de l'appartement, l'*additando colla mano* (le montrant de la main) et regardant les passans, il s'écria : Voilà où loge le ravisseur de ma fille, *morte dans ses bras*; c'est un *Crésus*, qui n'a pas de honte après m'avoir privé de mon unique enfant, du bonheur de ma vie, de me laisser dans la misère à l'âge de quatre-vingts ans!

Au dîner qui suivit le récit des malheurs de ma mère, mon père, essuyant mes yeux qui se rougissaient encore à l'oppression de ma poitrine, me chanta sa *motion* en faveur de la gaîté française (*Gazette américaine*, 26 février 1791).

Air : *Le petit mot pour rire.*

Ne plus rire, ne plus chanter,
Toujours gémir et s'attrister,
Ma foi c'est un martyre.
La politique et ses débats
Ont remplacé dans nos repas
Le petit mot pour rire.

Le charme de la liberté,
Loin d'animer notre gaîté,
Est venu la proscrire.
C'est trop imiter les Anglais.
Soyons libres et bons Français.
Disons le mot (trois fois) pour rire.

Rappelons les jeux et les ris;
Que les plaisirs, mes chers amis,
Reprennent leur empire;
Que Momus, ce dieu des Français,
Nous ramène ici pour jamais
Le petit mot (trois fois) pour rire.

Nos ancêtres nous ont laissé
Un remède pour la santé.
Je vais vous le transcrire.
« Veut-on vivre heureux et longtemps,
» Il faut bien, et de temps en temps,
» Dire le mot pour rire. »

Ne démentons pas nos aïeux,
Et suivons sur ce ton joyeux
Leur aimable délire.
Buvons le petit coup de vin.

Et puis chantons soir et matin
Le petit mot (trois fois) pour rire.

Un diner refusé à M. H********* fut pour moi
l'occasion d'un grand chagrin. Tous les dix jours,
mon père donnait à diner dans son ménage à son
ami M. Babille, mon parrain, qu'il était impossible
de trouver libre dans son cabinet d'affaires : personne n'était admis dans l'intimité de notre trio.
M. H********* vint à deux diners consécutifs et fut
reçu avec politesse ; mais au troisième, mon père
lui dit que quoiqu'il dînât chez lui, il se voyait
obligé de ne point l'inviter à rester ce jour, parce
qu'il avait à parler d'une manière confidentielle à
M. Babille. M. H******* se retira très offensé, et son
épouse écrivit à mon père qu'elle ne lui pardonne-
rait jamais cette impolitesse : mon parrain voulut
rompre avec mon père ; mon désespoir l'empêcha
de conserver une rancune qui m'aurait rendue bien
malheureuse. Mon père rencontra un soir au café
des Avengles M. et madame H********* ; il se mit aux
genoux de cette amie et fut si touchant et si noble
dans ses excuses, qu'elle ne put que pleurer avec
lui et lui pardonner la nécessité, où il s'était trouvé,
d'être sans témoins à un diner où il voulait faire un
emprunt à M. Babille.

Avant cette scène, madame H********* dinait chez
mon père (elle avait alors de grands chagrins). Après
le repas, la société admirait de beaux pistolets :

prenez garde, dit mon père, ils sont chargés; alors s'emparant de l'une de ces armes, elle la dirigea avec désespoir sur son sein, lorsqu'on s'empressa autour d'elle; elle était grosse, l'enfant qu'elle portait était une fille qui ne vécut que jusqu'à dix-huit mois. Je fus la marraine, ayant pour mon compère son fils, écolier à Juilly. J'avais peu de sympathie, dans ma grande jeunesse, pour ce jeune homme; je le trouvais peu galant. Le jour du baptême, il alla jouer avec les bonnes au lieu de rester *dans le salon*. On lui fit honte de son impolitesse à mon égard, il répondit : *Bah! ma commère est une précieuse qui fait la grande demoiselle!* quelque temps après, à une Saint-Laurent, fête de M. Babille, il se grisa; ses parens lui laissèrent la liberté de boire afin qu'il en tirât une leçon expérimentale. Il fut *taquin* avec moi aussitôt qu'il commença à être GRIS. Semblable à un bourdon, il s'attaquait à moi, disant : *mademoiselle Laure me regarde comme un enfant, elle pense que je suis un ivrogne, que j'ai trop bu, je me dépite parce qu'elle en est témoin.* Il fut très malade et je fus chargée de lui donner des tasses de thé pour calmer ses vomissemens; il recevait mes soins de très mauvaise humeur.

Les compagnes de pension qui m'ont recherchée sont mesdemoiselles de Montmort, de Mandat, de Bar, de Carondelet, de Tilly, de Serviez, Taleirac, Champel, Guibert et Comte.

J'étais aimée de mes professeurs : MM. Neu-

mann, Perrève, de la Hays. Notre maître de littéra-
ture se nommait Alais ; il était excellent littérateur,
mais il avait la singularité, à chaque entrée d'une
nouvelle pensionnaire, de recommencer l'histoire
de France par Clovis, ses quatre grandes batailles,
pour narrer longuement sa glorieuse conversion à
la religion chrétienne, planant depuis lors sur les
Gaules par la sainte ampoule. Ce grand événement
nous touchait peu, nous étant trop souvent répété.
En nous parlant des reines Brunehaut et Fréde-
gonde, des crimes dont elles ont sali l'histoire, il
avait la sagesse de nous révolter contre leur ambition et de flétrir les principes cruels qui dirigeaient
la monarchie, dont la religion n'avait pas encore
ensemencé le terrain inculte, *laissant venir le bon
et le mauvais grain pour le trier ensuite.*

L'Eglise nous paraissait sévère par l'excommuni-
cation du bon roi Robert et de sa femme Berthe, *sa
cousine germaine.* Alors M. Alais nous apprenait que
la parenté était un tort réel parce qu'elle nuisait à
la constitution physique. Les alliances entre les familles devaient se croiser ainsi que les ensemence-
mens variés d'un champ. De beaux cheveux, une
force athlétique étaient une sécurité pour les princes
du sang royal, et un titre à la couronne. Berthe,
maladive, ne pouvait avoir que des enfans malsains;
ce qui se vérifia.

Heureux âge où ce cours d'histoire nous était
fait! Quel roman pouvait valoir le récit des Croi-

sades! Saint Louis rendant la justice sous le chêne de Vincennes, puis mourant en Afrique avec le titre glorieux de roi très chrétien. Les tournois français célébrant nos preux, les troubadours les chantant; nos croisés, de retour dans leurs foyers, recevant l'hospitalité et la payant d'une ballade française, souvenir de prouesses guerrières, de bannières et de devises amoureuses. Le Tasse et l'Arioste immortalisant nos héros! J'aimais la division de la France en grands fiefs. La Neustrie, l'Aquitaine, l'Armorique, la Lombardie ont des physionomies diverses, saluant de leurs nobles armes Lutèce (Paris), ainsi qu'à présent France est capitale par la résidence de son roi. Le fin normand, le spirituel gascon, le breton hospitalier. Quant à la Bourgogne, dont les ducs étaient récalcitrans, j'y voyais des Barbes-Bleues, des castels où de nobles dames avaient des donjons pour prisons. Je m'en échappais pour rentrer bien vite à la cour du roi de France, moins riche que son méchant vassal, mais qui était généreux et galant, donnait des fêtes chevaleresques où régnaient en déesses Marie Stuart, Agnès et Diane de Poitiers. Nous demandions à M. Alais à quoi étaient bons tous ces couvens, tous ces ordres religieux qui couvraient la Gaule et qu'on accusait d'oisiveté. Il répondait gravement : à défricher les terres, à dessécher les marais, à donner l'hospitalité, à conserver les manuscrits, car alors il n'y avait pas d'hôtelleries le long dés routes et l'imprimerie n'était point inventée.

Mon père était passionné pour les hommes à talens : quoique gêné, il paya trois louis pour me
faire voir et entendre l'illustre aveugle M. Delille,
qui à une séance au Lycée de la rue de Valois nous
récita un chant de son poème sur l'*Imagination;* je
retins ce vers :

Et Jean-Jacque est souvent le vrai Montmorency.

Cela fit plaisir à papa. Il est certain, me dit-il,
que celui qui jouit pieusement du spectacle d'un
beau domaine est plus heureux que celui qui le pos-
sède indifféremment.

Madame Chevremont nous conduisit un jour
chez M. Walckenaer y admirer une belle édition de
Lavater. Ce savant voulut bien, à la demande de
notre institutrice, nous dire son avis sur nos physionomies. Me regardant attentivement, il dit : *mademoiselle pourra n'être pas remarquée comme étant
jolie, mais sera distinguée comme devant être une
digne épouse.* Nous visitâmes son cabinet d'histoire
naturelle, spécialement consacré aux araignées; je
ne comprenais pas alors comment ces fileuses pouvaient l'intéresser. Maintenant je les considère
comme nymphes de l'air et tissant pour ainsi dire
sur toute l'étendue de la toile atmosphérique. Je
savais alors que leur fil refait la chair, car madame
Chevremont nous en faisait mettre sur les coupures.

Cette toile d'araignée est vie actionnant dans l'invisible.

Mon père m'écrivit de Naples, année 1808 : achète le *Spectacle de la Nature*, de M. M....., ce livre t'instruira et t'amusera. En effet, cette lecture est douce, et j'y reviens souvent. Dernièrement, je lus ceci : M. de Réaumur essaya de mettre ensemble bon nombre d'araignées pour en utiliser le travail; il leur fit donner des mouches et des bouts de plumes de poulets et de pigeons, dont elles semblent friandes. Elles se dévorèrent. Une fille pieuse doit réaliser, autant qu'il est possible, les idées libérales qui lui ont été suggérées par ses parens. *Si j'étais à Paris*, m'écrivait mon père, *je voudrais faire réimprimer le* Spectacle de la Nature *avec des observations*. Je vais donc reproduire quelques chapitres de cet ouvrage pour accomplir le vœu de mon père.

LES ARAIGNÉES.

QUATRIÈME ENTRETIEN.

LA COMTESSE. — LE PRIEUR. — LE CHEVALIER.

LA COMTESSE. — Monsieur le chevalier, avant que de venir à nos insectes, je voudrais bien savoir ce que vous pensez du métier de tisserand. Distinguez-vous à présent la chaîne (*la chaîne est le fil qu'on monte sur le métier*) d'avec la trame (*la trame est le fil qu'on passe avec une navette au travers de la chaîne*).

LE CHEVALIER. — Je connais tout cela, et vous dirai l'usage et des marches (*les marches sont des pièces de bois que le tisserand abaisse tour à tour avec les pieds, pour hausser et baisser les lames*), et des lames (*les lames sont des rangs de fils suspendus à des poulies et dont le jeu hausse et baisse tour à tour chaque portion des fils de la chaîne*), et du ro (*le ro est un long peigne au travers duquel passent tous les fils de la chaîne, et qui sert à chasser ou à serrer le nouveau fil de la trame contre le précédent*), et de la navette (*la navette est un petit instrument de buis en forme de navire, dans le milieu duquel le tisserand met sa trame qui se tire de dessus un chalumeau*), et des....

LA COMTESSE. — Il va vraiment nous nommer toutes les pièces ; j'appréhendais cependant que cela ne vous parût bas et désagréable.

LE CHEVALIER. — Jamais rien ne m'a plus amusé, et j'aurais grande envie de voir tous les métiers des artisans l'un après l'autre. Je ne comprends point pourquoi on nous les cache. Si, par hasard, nous nous arrêtons à voir travailler un ouvrier, nous trouvons aussitôt des gens qui nous disent d'un air sérieux : « Eh ! Monsieur, à quoi vous amusez-vous donc ? Cela est au-dessous de vous. »

LA COMTESSE. — Le dépit du chevalier me plaît beaucoup. Qu'on lui fasse une affaire de son latin et des sciences nécessaires, à la bonne heure ! Mais pourquoi ne lui pas faire un amusement des choses de la vie les plus communes, et qui sont d'un usage continuel ?

LE PRIEUR. — On y trouvera bien plus que de l'amusement. L'esprit s'y formerait, parce qu'il y acquerrait agréablement des idées justes de tout. La vue des arts et des métiers, la vue des hommes dans toutes sortes de professions et de situations, offre sans fin des expériences toutes faites et propres à instruire sans frais et sans efforts. On y apprend non seulement ce qui peut orner l'esprit ou embellir la conversation, mais ce qui fait l'homme de service et de ressource en toute occasion. Le fils de madame la comtesse, qui est assurément un des plus spirituels et des plus aimables gentilshommes qu'on puisse voir, a été élevé dans ce goût. Après avoir parfaitement appris de ses différens maîtres les langues et les exercices dont il avait besoin, il fut question de voyager. M. le comte ne le laissa partir pour l'Allemagne, où il est à présent, qu'après lui avoir fait employer pendant un an entier tout le temps du matin à étudier la physique ou les plus belles parties de la nature, et la plupart de ses après-dinées à voir et à apprendre jusqu'à un certain point les métiers les plus nobles, sans dédaigner les plus communs. Il ne se passait pas une semaine sans aller à l'école dans quelque boutique de Paris, non d'une manière superficielle, mais se faisant une affaire très sérieuse de saisir le véritable objet et la méthode la plus estimable de chaque métier. Il suivait un tireur d'or (1), un imprimeur, un horloger et un teinturier des quinze jours et trois semaines. Il donnait autant au menuisier et au serrurier, encore plus au charpentier. Il ne quittait point son homme, qu'il ne l'eût vu dans toutes les attitudes et dans toutes les entreprises de sa profession. La vue réitérée des mêmes ouvrages, les entretiens naïfs des ouvriers, les éloges ou les plaintes des maîtres, les difficultés, les précautions, les remarques des acheteurs, lui ren-

(1) C'est en apprenant a peindre sur porcelaine que la couleur *or* m'a été connue : terre noire à laquelle il faut le feu et l'eau forte pour luire.

daient chaque métier et chaque art familier : en sorte qu'aujourd'hui il est au fait de tout ce qui entre dans le commerce de la vie, comme ceux mêmes qui le fournissent par leur travail. Il connaît le nom et l'usage de tous les outils. Il sait quelles sont les matières que les ouvriers emploient, les pays d'où l'on les tire, les marques de leur bonne ou mauvaise qualité, et le prix qu'elles valent de la première ou de la seconde main. Il sait discerner la main de l'ouvrier, et faire une juste différence d'un ouvrage solide et de bon goût d'avec un ouvrage brillant et fait à la légère. Un ouvrier fripon ne le trompera pas ; mais il sait aussi rendre justice à l'ouvrage d'un habile maître. Il sait plus, il est artiste lui-même et fait tout ce qu'il veut de la main.

LA COMTESSE. — Je vous laisse faire l'éloge de mon fils, parce que ces louanges sont aussi les vôtres. Je vous ai, Monsieur, des obligations infinies. Je ne sais pas quelle adresse vous employez ; mais en voulant bien dérober de temps en temps quelques heures à vos occupations ordinaires, pour les passer à la promenade avec mon fils, vous l'avez mis dans le goût du travail et des sciences d'une manière qui le charmait. Votre méthode, à ce qu'il m'a paru, n'était pas tant de lui faire apprendre d'abord certaines choses tout de suite que de lui faire naître le désir même de les apprendre. Votre but était de le rendre curieux, parce que la curiosité est une passion agissante qui ne saurait demeurer oisive, et que ce point une fois gagné, tout le reste vient sans larmes et sans dégoût. J'ai remarqué cent fois que vos discours, vos complaisances et vos jeux mêmes ne tendaient qu'à piquer la curiosité du jeune homme. C'était quelque chose de fort agréable, par exemple, que de voir quelquefois le curé et le petit paroissien se disputer au bord de l'eau les pierres les plus plates, en ramasser chacun son tas, faire des ricochets à l'envi (1), puis s'asseoir quand ils étaient las de cet exercice, et faire des dissertations sur la chûte des corps, sur le niveau de l'eau, sur des lignes qu'ils appelaient, ce me semble, d'incidence et de réflexion; sur la pression de l'air, et bien d'autres affaires que j'ai oubliées. Avaient-ils fini ce dialogue, au premier sable bien uni qui se présentait, on mettait les cannes en jeu; on traçait la Terre-Sainte, l'Italie ou la France : cela allait jusqu'aux Indes et au Canada. Manquait-on de sable; on prenait des pierres, des feuilles, des pommes pour marquer les provinces, les montagnes, ou les villes. C'était tous les jours quelqu'invention nouvelle. Je ne puis vous dire de quel air et avec quelle joie mon fils venait recommencer devant moi toutes ces opérations. Toutlui était présent, et si bien rangé dans sa tête, que tout ce qu'il apprenait de cette sorte en jouant me revenait par contre-coup en très-bon ordre. Et, M. le prieur, sans le savoir, en instruisait deux au lieu d'un.

LE PRIEUR. — Comme son pasteur, je ne pouvais rien faire de mieux que de lui donner quelques soins. Mais quand on trouve un beau caractère, comme celui-là, on ne saurait trop s'attacher à lui épargner les dégoûts et la peine. Et je vous dirai que les momens que j'ai employés à badiner avec cet aimable enfant sont ceux que j'ai employés le plus utilement.

LA COMTESSE. Il n'y a que trop de gens qui badinent, mais il y en a bien peu qui badinent avec esprit, qui mettent du dessein dans leurs jeux, et qui tendent à la vertu par le plaisir.

LE CHEVALIER. Il faut, madame, que je vous dise un

(1) Ainsi Jean-Jacques s'amusait à faire des ronds dans l'eau; mais pourquoi ne pas dire le résultat de cet amusement! n'y aurait-il pas réfléchi?

nouveau trait de la façon de monsieur le prieur. Après m'avoir expliqué hier toutes les pièces du métier de tisserand, et m'en avoir montré le jeu, voyons, me dit-il, qui de nous deux saura le mieux faire aller les marches et la navette. Je m'oblige à payer dix sols pour chaque fil que je romprai. Voulez-vous travailler à ce prix ? J'y consens. Nous nous mettons à l'ouvrage tour à tour.

LA COMTESSE. Ne gâtâtes-vous point tout ?

LE CHEVALIER. Nous payâmes plusieurs fois l'amende dont on était convenu. Nos bonnes gens étaient charmés de nous voir si gauches. Chaque fil rompu était pour eux une conquête; mais en mettant la main à l'œuvre, je compris tout autrement le jeu et l'effet de toute la machine.

LE PRIEUR. Croyez-moi, laissons là et prieur et tisserands : parlons d'une toile d'une autre fabrique où il ne faut ni métier, ni navette. Madame ne trouvera pas mauvais que je fasse la description de l'araignée et de ses outils, avant que de parler de son ouvrage.

LA COMTESSE. Bon, vous parleriez de dragons et de serpens que je n'en aurais pas mal au cœur. La peinture des objets les plus affreux est capable de faire plaisir.

LE PRIEUR. Il y a cinq sortes d'araignées : 1° (1) L'araignée domestique qui fait sa toile dans les appartemens négligés. 2° L'araignée des jardins qui fait en plein air une petite toile ronde, au centre de laquelle elle se tient durant le jour. 3° L'araignée noire des caves, qui demeure dans les trous des vieux murs. 4° L'araignée vagabonde qui ne se tient pas dans un nid comme les autres. 5° L'araignée des champs qu'on appelle *faucheur*. On en

---

(1) Mémoires de l'Académie, 1708, M. Homberg-Leeunwhoek ; Arcan. Nation, t. III, épit. 135.

pourrait compter bien d'autres. Bornons-nous à cel-
les-là.

Toutes ces araignées ont quelque chose de commun
entre elles; elles ont aussi quelque chose qui les distingue. Voyons d'abord ce qui leur convient à toutes.

Toute araignée a deux parties, dont celle de devant
qui contient la tête et la poitrine est séparée de celle de
derrière ou du ventre par un étranglement ou par un
filet fort menu. La partie antérieure est couverte d'une
écaille très dure, aussi bien que les pattes qui tiennent
à la poitrine. La partie postérieure est couverte d'une
peau souple : le tout est revêtu de poils. Elles ont, en
différens endroits de la tête, plusieurs beaux yeux ordinairement au nombre de huit, et quelquefois de six seulement : deux sur le devant, deux sur le derrière, les
autres sur les côtés de la tête. Tous sont sans paupières
et couverts d'une croûte dure, polie et transparente.
Comme ces yeux sont immobiles, ils ont été multipliés
de la sorte pour les informer de toutes parts de ce qui a
rapport à elles. Elles ont toutes, sur le devant de la tête,
deux aiguillons ou plutôt deux branches hérissées de fortes pointes ou dentelées comme deux scies et terminées
par un ongle fait comme celui du chat. Un peu au-dessus
de la pointe de l'ongle, est une petite ouverture par où
il paraît qu'elles versent un poison très agissant; elles
n'ont pas d'arme plus terrible contre leur ennemi : elles
ouvrent ou étendent ces deux branches au besoin. Quand
elles ne font plus usage des deux ongles, elles les abais-
sent et les couchent chacun sur sa branche, comme une
serpette sur son manche. Elles ont toutes huit jambes,
articulées comme celles des écrevisses, et au bout de ces
jambes, trois ongles crochus et mobiles; savoir : un petit,
placé de côté en manière d'ergot, à l'aide duquel elles se
tiennent à leur fil, et deux autres plus grands dont la

courbure intérieure est dentelée et qui leur servent pour s'attacher où elles veulent, et pour marcher ou de côté, ou le dos en bas en s'accrochant à tout ce qu'elles trouvent. Les corps polis comme les marbres et les miroirs ont encore assez d'inégalités pour donner prise à la pointe de leurs crochets ; mais comme elles useraient cette pointe si elles marchaient toujours dessus, auprès des deux crochets elles ont deux pelotes rondes sur lesquelles elles marchent plus mollement en retirant leurs crochets pour les ménager quand elles s'en peuvent passer. Les araignées, outre ces huit jambes, en ont encore deux autres sur le devant que nous devrions appeler leurs bras puisqu'elles ne s'en servent pas pour marcher, mais pour tenir et pour retourner leur proie. Avec cet appareil redoutable, l'araignée ferait la guerre sans succès si elle n'était aussi bien équipée d'instrumens pour dresser des embûches qu'elle est bien armée pour se battre. Elle n'a point d'ailes pour courir après sa proie, et sa proie en a pour fuir devant elle. La partie serait trop inégale si l'araignée n'avait un fil et l'industrie de faire avec ce fil des toiles et des panneaux. Elle les tend dans l'élément où sa proie passe et repasse continuellement; elle est avertie du temps où il faut se mettre au travail ; elle commence à tendre quand sa proie commence à naître; et retirée dans l'obscurité derrière son filet, elle attend tranquillement l'ennemi qui ne l'aperçoit pas,

Quant à la manière d'ourdir et de façonner cette toile si utile, voici comme elle s'y prend : Les araignées ont toutes, à l'extrémité de leur ventre, cinq mamelons tout couverts d'autres plus petits qu'elles ouvrent et qu'elles ferment, et dont elles élargissent et resserrent les ouvertures à volonté. C'est par ces ouvertures qu'elles lâchent et font filer cette gomme gluante dont leur ventre est rempli. Tant que l'araignée laisse couler cette glu par une ou plusieurs ouvertures, le fil s'allonge à mesure qu'elle s'éloigne de l'endroit où elle l'a d'abord attaché. Quand elle resserre les ouvertures des mamelons, les fils cessent de s'allonger, elles demeurent suspendues. Elle se sert ensuite de son fil pour remonter, en le serrant de ses pattes comme un couvreur remonte sur une échelle de corde en la serrant de ses mains et dans ses genoux. Mais ce fil est la matière d'une toile qui est pour elle d'une tout autre utilité. En voici la fabrique et l'usage :

Quand l'araignée domestique veut commencer une toile, elle choisit d'abord un endroit qui ait quelqu'enfoncement, comme le coin d'une chambre ou d'un meuble, pour avoir sous sa toile une retraite et un passage qui la mette en état de la parcourir par-dessus et par-dessous, et de s'échapper au besoin. Elle jette sur le mur une petite goutte de sa gomme qui s'y colle. L'araignée laisse ensuite couler la liqueur par une moindre ouverture; son fil s'allonge derrière elle, tandis qu'elle va de l'autre côté jusqu'où elle veut étendre sa toile. Le fil est arrêté sur un de ses ergots qu'elle tient éloigné de la muraille de peur que son fil ne s'y attache, tandis qu'elle le destine à traverser l'air. Quand elle est arrivée au point où elle veut finir sa toile du côté opposé, elle y attache ce premier fil à l'aide de sa colle, elle le tire ensuite à elle, elle le bande, le raidit, et tout auprès de celui-là elle en attache un autre, qu'elle conduit en courant sur le premier comme un voltigeur sur sa corde. Elle va coller le second à côté du point où elle a commencé son ouvrage. Ces deux premiers fils lui servent d'échafaudage pour construire tout le reste. Elle passe et repasse enfin plusieurs fois en serrant ou séparant ses fils autant qu'elle le juge convenable. Je soupçonne même, par la vitesse de son travail, qu'elle forme plusieurs fils à la fois, et que, pour les tenir tous dans une distance égale sans les mêler, elle les distribue dans les dents du peigne que j'ai distinctement remarqué sous chacun des grands ongles de ses pattes. Elle raidit ensuite tous ses fils l'un après l'autre, et les attache avec la même industrie. Voilà le premier rang de fil monté : c'est, pour ainsi dire, la chaîne de la toile.

Le chevalier. — J'entends : elle va présentement filer en traversant, et cela fera la trame.

Le prieur. — Tout juste. Mais la toile de l'araignée diffère de celle que nous faisons en ce que, dans la nôtre, les fils de longueur sont entrelacés par ceux qu'on y a insérés de travers : au lieu que les fils de la trame des toiles d'araignée sont collés en croisant sur les fils de la chaîne, et non insérés ou entrelacés. L'araignée, après cela, double et triple les fils qui bordent sa toile en ouvrant tous ses mamelons à la fois et en collant plusieurs fils l'un sur l'autre. Elle sait qu'il faut fortifier et ourler les bords de sa toile pour empêcher qu'elle ne se déchire. Elle en relève encore et en maintient les extrémités avec de fortes attaches ou des fils doubles qu'elle accroche aux environs pour empêcher qu'elle ne soit le jouet des vents.

Le chevalier. — Voilà assurément un ouvrage digne de notre admiration. Mais j'ai encore un vrai plaisir à voir la structure de la loge où elle se met en embuscade.

Le prieur. — L'araignée se connait : elle sent que si elle se montrait elle ferait peur à sa proie. Elle se ménage au fond de sa toile une petite loge où elle est cachée et en sentinelle. Les deux sorties qu'elle y a pratiquées, l'une par-dessus, l'autre par-dessous, la mettent à portée d'être partout au besoin, de visiter tout, de nettoyer tout.

Elle ôte de temps en temps la poussière qui charge-rait trop sa toile ; elle balaie le tout en y donnant une secousse d'un coup dé patte, mais elle pèse ce qu'elle fait, et elle mesure si bien la force du coup, qu'elle ne rompt rien.

Il y a sur toute la toile plusieurs fils qui viennent rayonner de toute part au centre où elle se retire, et où elle attend. Le tiraillement d'un de ses fils retentit jus-qu'à elle : elle est avertie qu'il y a du gibier, et elle est aussitôt dessus. Un autre avantage qu'elle tire de cette retraite pratiquée sous sa toile, c'est d'y manger sa proie en toute sûreté, d'y cacher les cadavres et de ne laisser dans le dehors aucunes traces de cruauté capables de rendre sa demeure suspecte, et d'en inspirer de l'éloi-gnement.

LE CHEVALIER. — Je voudrais savoir, Monsieur, com-ment les araignées peuvent toujours avoir de quoi filer, car on les tourmente beaucoup, et cependant on trouve leur ouvrage réparé dès le lendemain.

LE PRIEUR. — La Providence qui fait que l'araignée est haïe, qu'elle a des ennemis de son travail, et que sa toile est toujours en danger d'être déchirée, lui a mé-nagé un magasin pour la réparer plusieurs fois de suite, et le magasin se rétablit après avoir été épuisé (1). Cependant il vient un temps où ce réservoir tarit. Quand elles deviennent vieilles, leur gomme se sèche aussi bien que les éponges ou les pelotes qu'elles ont aux pattes.

LE CHEVALIER. — Comment donc vivent-elles alors ?

LE PRIEUR. — Elles usent d'industrie : une vieille araignée qui n'a plus de quoi gagner sa vie en va trou-

(1) Il semble positif que l'atmosphère, en rapport avec l'esto-mac, suffit au travail de l'insecte.

(*Note de l'auteur d'une* CRÉOLE.)

ver une jeune, elle lui fait connaître son besoin et son intention. Alors la jeune, soit par respect pour sa vieillesse, soit par la crainte de la griffe, lui cède sa place, et va faire ailleurs une autre toile pour elle-même. Mais si la vieille ne peut trouver personne qui de gré ou de force lui abandonne ses filets, il faut qu'elle périsse faute de gagne-pain.

LA COMTESSE. — M. le prieur n'est pas parvenu à me réconcilier avec cet animal, mais il y a longtemps qu'il m'a guéri de l'éloignement que j'avais même à en entendre parler. J'ai fait quelque chose de plus : j'ai observé de mon mieux le travail de l'araignée des jardins; il est tout différent. Comme la manœuvre m'en a paru fort singulière, j'en veux rendre compte au chevalier. Bien des gens croient qu'elle vole quand on la voit passer d'une branche à l'autre, et même d'un arbre à l'autre; mais voici comme elle s'y transporte. Elle se pose sur le bout d'une branche, ou de quelque corps avancé, et y attache son fil; ensuite avec ses deux pattes de derrière elle foule ses mamelons et en exprime un ou plusieurs fils de deux ou trois aunes qu'elle laisse flotter en l'air. Ces fils agités par le vent sont portés de côté et d'autre sur les corps voisins, sur une maison, sur une perche, quelquefois sur un arbre ou sur un piquet qui sera de l'autre côté d'un ruisseau. Ce fil s'y arrête et s'y attache par sa glu naturelle; elle le tire à elle pour voir s'il est bien assuré. Il devient un pont sur lequel l'araignée passe et repasse en liberté. Elle double et bande le fil autant qu'elle veut en l'attachant de plus court; puis elle se transporte vers le tiers ou vers le milieu du même fil; et en y attache un autre, le long duquel elle se laisse tomber, jusqu'à ce qu'elle trouve une pierre, une plante, ou quelque matière solide sur quoi elle puisse se reposer; ou bien elle le laisse de nouveau flotter au gré de l'air jusqu'à ce qu'il soit fixé quelque part. Elle remonte par ce second fil sur le premier, et à quelque distance elle en commence un troisième qu'elle attache par le même manège. Quand elle a trois fils attachés, elle les fortifie en les doublant, puis elle tâche de trouver là dedans une sorte de carré, ce qui lui est facile, parce que du fil qui tombe à droite elle monte sur le premier fil qui est en haut et de celui-là elle passe à celui qui tombe à gauche. Pendant toute cette marche, elle file toujours : puis elle raccourcit et bande ce dernier fil qui tient au côté droit ; elle l'attache au côté gauche à tel point qu'il lui plait, et forme par ce moyen un carré ou une figure approchante. Dans le carré elle pratique avec la même industrie une croix dont le point de milieu devient un centre où elle mène de tous côtés d'autres fils comme les rayons d'une roue qui aboutissent tous au moyeu. Voilà la chaîne ou la base de l'ouvrage. Elle emploie ensuite un fil plus fin pour en faire la trame. Elle se place d'abord au centre où tous les fils de la chaîne viennent se croiser, et autour de ce centre elle mène un petit cercle, dont les différentes proportions sont cependant des lignes droites ; puis elle en commence un autre un peu plus loin, et continue à faire passer ce fil circulaire d'un rayon à l'autre ; en sorte qu'elle parvient jusqu'aux grands fils qui soutiennent tout l'ouvrage. Le filet ainsi tendu, il est question de prendre du gibier. Elle se place au centre de tous ces cercles, la tête en bas ; parce que son ventre, qui ne pend qu'à un cou fort mince, la fatiguerait trop dans une autre situation, au lieu que de cette façon les pattes et la poitrine soutiennent le ventre. Là elle attend sa proie, et n'attend pas longtemps : l'air est si rempli de mouches et de moucherons qui vont et viennent, qu'il en tombe bientôt dans ses filets. Quand la mouche qui s'y vient prendre est petite, on l'expédie sur la place : c'est un déjeûner qui ne demande pas d'apprêt. Mais quand c'est quelque grosse victuaille, quelque mouche vigoureuse, et qui fait résistance, l'araignée l'enveloppe de plusieurs fils en tournant autour d'elle : elle l'entortille ; elle la garrotte, elle la soutient suspendue à son fil, et l'emporte dans un nid qu'elle a au-dessus de sa toile, et qu'elle cache sous des feuilles, sous une tuile, ou sous quelqu'autre abri commode pour y passer la nuit, et pour s'y sauver quand la pluie vient.

LE CHEVALIER. — Mais cet ouvrage est bien fragile ; le moindre vent doit tout emporter.

LA COMTESSE. — Le vent ne leur nuit pas tant que vous pensez : cette toile est à claire-voie : le vent passe tout au travers, et la déchire rarement. Ce qui les désole le plus c'est la pluie ; mais comme le tissu de leur toile est fort clair, la dépense en est petite, et elles ont toujours de quoi fournir au besoin un réseau tout neuf. Voilà, monsieur le chevalier, ce que je sais de l'araignée des jardins. Je vous dirai même que j'en observai une hier après vous avoir quitté, et que je la suivis dans toutes ses allées et venues, exprès pour vous rendre service. Quant à l'araignée des caves, vous trouverez bon que je ne la connaisse pas.

LE PRIEUR. — L'araignée noire ou l'araignée des caves se contente de tapisser de quelques fils les environs de son trou, en pratiquant au milieu une petite porte ronde pour la liberté du passage. Quand un insecte passe dans le voisinage, il ne manque pas de remuer quelqu'un des fils qui s'étendent de tous côtés comme autant de rayons : l'araignée avertie sort aussitôt de son embuscade. Cette araignée est plus méchante que les autres ; si on la prend avec deux baguettes ou autrement, elle pince l'instrument avec lequel on la tient. Elle est aussi beaucoup plus dure que les autres ; et la guêpe, par exemple, qui, par son aiguillon et par sa dureté, embarrasse si fort les autres araignées, n'épouvante pas celle-ci. L'araignée noire est impénétrable à cet aiguillon, et au contraire elle casse les os et les écailles de la guêpe avec ses tenailles.

Je ne vous dirai que deux mots sur les araignées vagabondes et sur les faucheurs.

Les vagabondes sont de bien des sortes et de bien des couleurs, elles courent et sautillent la plupart ; et comme elles n'ont pas assez de fils pour entortiller leur proie au besoin, et surtout pour arrêter les mouvemens des ailes de la mouche qui les incommodent, la nature leur a mis aux deux pattes de devant, que nous avons appelées leurs bras, deux bouquets de plumes, avec lesquels elles arrêtent le mouvement et l'agitation des ailes de leur ennemi. Une espèce plus petite, plus noire, et plus singulière que les autres, et de celles qui, aux mois de septembre et d'octobre, étendent leurs fils de tout côté en allant et venant sur les herbes des prairies, ou sur le chaume qui demeure après la moisson. Elles abandonnent aussi plusieurs de ces fils au vent qui les emporte. L'air en est souvent tout rempli. Ces fils s'unissent, s'allongent, et s'arrêtent partout. Les araignées qui les rencontrent s'en servent pour se joindre et pour s'élancer, comme si elles volaient, jusqu'au sommet des arbres et des bâtimens les plus élevés.

LA COMTESSE. — Vous venez de faire la vraie peinture des grandes fortunes. Pour y parvenir il faut trouver le fil qui y mène. Le trouve-t-on ? on s'élève : mais on ne tient qu'à un fil.

LE CHEVALIER. — Monsieur nous doit encore le faucheur.

LE PRIEUR. — Il n'a rien de plus remarquable que l'extrême longueur et la délicatesse de ses jambes. Comme il est destiné à vivre parmi les mêmes herbes de la campagne sans filer, la moindre petite feuille l'arrêterait, s'il n'avait ses grandes jambes, qui le tiennent élevé au-dessus des herbes ordinaires, et le mettent en état de courir promptement où sa proie l'appelle.

Mais ce n'est pas assez de vous avoir fait connaître les différentes sortes d'araignées, ou du moins les plus communes : vous aurez aussi quelque satisfaction de savoir comment elles placent leurs œufs et conservent leur espèce. Bien des gens ne veulent pas manger de fruits, parce qu'ils croient que les araignées et d'autres insectes y jettent leurs œufs tout à l'aventure. C'est la chose la moins à craindre: Il y a pour ces œufs bien plus d'apprêt et de prévoyance qu'on ne pense. Bien loin de les abandonner au hasard, les araignées filent, pour les loger, une toile quatre ou cinq fois plus forte que celle où elles attrapent les mouches. C'est une toile à faire plaisir, une toile où l'on a employé tout ce que la profession pouvait fournir de meilleur. De cette toile elles font un sac où elles logent leurs œufs, et il n'est pas croyable combien la conservation de ce sac leur donne de soin et d'exercice.

LE CHEVALIER. — Voilà un sac qui me fait rire de bon cœur: mais pourriez-vous me le faire voir ?

LE PRIEUR. — C'est bien fait de ne pas croire légèrement: si madame le trouve bon, nous nous promènerons un moment le long des buis qui bordent cette terrasse. J'y ai cherché par avance votre affaire, et je vous l'ai trouvée. Voyez-vous dans ce buis une des araignées qui ne font point de toile régulière comme les autres? elle porte sous elle une grosse boule blanche que vous croyez faire partie de son corps.

LE CHEVALIER. — Eh! n'est-ce pas son ventre effectivement ?

LE PRIEUR. — Point du tout. Prenez une baguette et

secouez un peu l'araignée en tâchant de faire tomber la boule.

LE CHEVALIER. — La voilà tombée, et l'araignée court après.

LE PRIEUR. — C'est le sac aux œufs que vous avez voulu voir ; ne craignez pas que la mère l'abandonne. Voyez présentement ce qu'elle fait.

LE CHEVALIER. — Je la vois qu'elle se courbe sur cette boule.

LE PRIEUR. — Elle fait plus : elle exprime de ses mamelons une liqueur gluante avec laquelle elle s'attache de nouveau à la boule.

LE CHEVALIER. — Il est vrai, et la voilà qui l'emporte avec elle.

LE PRIEUR. — Elle ne s'en tiendra pas là ; sa tendresse pour ses petits se déclarera par bien d'autres attentions. Jugez-en par cette autre araignée qui est de la même espèce, et dont les petits sont éclos.

LE CHEVALIER. — Où sont donc les petites araignées ? je ne vois que la mère.

LE PRIEUR. — Remarquez ce qu'elle a sur le dos.

LE CHEVALIER. — J'y vois seulement quelque chose de raboteux.

LE PRIEUR. — Remuez tout doucement quelques-uns de ces fils que vous voyez épars çà et là dans cette ouverture, et observez ce qui partira de dessus elle.

LE CHEVALIER. — Oh ! le plaisant spectacle ! Voilà, je pense, plus de mille petites araignées qui s'enfuient de dessus la mère le long de tous ces fils. Elle portait tous ses enfans sur son dos : eh ! que vont-ils devenir ?

LE PRIEUR. — Demeurez tranquille ; dès que le danger sera passé, la famille se rassemblera.

LE CHEVALIER. — Vraiment, les voilà toutes revenues en petit peloton sur les épaules de la mère.

LE PRIEUR. — En voici une d'une autre espèce qui met ses œufs dans une poche faite comme une calotte qu'elle applique quelquefois sur un mur, quelquefois sur une feuille, comme elle a fait ici. Elle ne perd point de vue ce cher dépôt; elle y passe les jours et les nuits; elle couve et échauffe ses œufs en demeurant dessus assidûment. Emportez la feuille pour voir ce que deviendra la mère.

LE CHEVALIER. — Elle se laisse emporter avec la feuille. Je n'aime pas ce voisinage-là.

LA COMTESSE. — La voilà à quatre pas de vous : n'en craignez plus rien.

LE PRIEUR. — Vous la tuerez plutôt que de lui faire abandonner sa couvée : elle ne lâche point prise que les petites araignées ne soient écloses. Dites-moi, monsieur, que voyez-vous dans cette ouverture?

LE CHEVALIER. — J'aperçois deux petits sacs ou deux paquets de couleur rougeâtre suspendus à des fils : et dedans ces sacs je vois une pendeloque de feuilles sèches. A quoi ces choses sont-elles destinées? N'est-ce pas le vent qui a fait cet ouvrage par hasard?

LE PRIEUR. — C'est une autre espèce d'araignée qui a suspendu là les deux poches où elle a mis ses œufs.

LE CHEVALIER. — Mais à quoi bon cette pendeloque de feuilles sèches qui se brandille là à l'entrée?

LE PRIEUR. — C'est pour faire illusion aux passans, et surtout aux guêpes et aux oiseaux qui guêtent le panier aux œufs. Ce petit chiffon de feuilles sèches et rougeâtres n'est pas propre à amorcer les oiseaux, et par son agitation perpétuelle il empêche qu'ils ne fassent attention aux paquets qui sont cachés derrière.

LE CHEVALIER. — Vivent les gens qui ont de l'industrie.

LE PRIEUR. — Nous n'irons point chercher une araignée ordinaire pour vous apprendre sa méthode parti-

culière. Il suffit de vous dire, après ce que vous avez vu,
que généralement toutes les araignées placent ainsi leurs
œufs dans une toile d'une force dont on est étonné. Elles
attachent communément le paquet à la muraille. Sur-
vient-il quelque danger ; on commence par décrocher le
paquet, et l'on se sauve en l'emportant où l'on peut.
Voilà, mon cher chevalier, ce que j'ai remarqué en général sur les araignées, sans entrer dans le menu détail de
toutes les espèces dont les noms, la figure, la taille, les
ruses, et la manière de tendre ou de chasser, se diversi-
fient sans fin.

La comtesse. — Il faut au moins dire un mot de la
tarentule ; l'espèce en est trop extraordinaire pour l'oublier. Elle ressemble assez aux araignées domestiques ;
mais la morsure en produit, surtout dans les pays chauds,
des effets funestes et prodigieux à la fois. Le venin ne se
fait pas sentir tout d'un coup, parce qu'il est en trop petite quantité ; mais il fermente et cause des désordres
affreux, quatre ou cinq mois après. Celui qui a été mordu
ne fait que rire et sauter ; il danse, il s'agite, il est d'une
gaîté pleine d'extravagance ; ou bien il est d'une humeur
noire et d'une mélancolie affreuses. Au retour du temps
de l'été où la morsure s'est faite, la folie recommence, le
malade parle toujours des mêmes choses ; il croit être
roi ou berger, ou tout ce qu'il vous plaira, et n'a point de
raisonnemens suivis. Ces symptômes fâcheux reviennent
quelquefois plusieurs années de suite, et aboutissent enfin à sa mort. Les gens qui ont voyagé en Italie du côté
de Naples disent que cette maladie bizarre se guérit par
un remède encore plus bizarre. C'est la musique seule
qui apporte du soulagement, et surtout le son d'un instrument agréable et perçant comme le violon. On n'en
manque point dans ces pays-là. Le musicien cherche un
ton qui paraisse avoir quelque proportion avec la dispo-

sition ou le tempérament du malade. Il en essaie plusieurs. Quand il en a trouvé un qui fait impression sur le malade, la guérison est sûre. Le malade se met bientôt en danse; il saute et retombe toujours à la cadence de l'air; il continue jusqu'à se mettre en sueur; il écume, et se délivre enfin du poison qui le tourmente. Je tiens ce que je viens de vous dire d'un de nos amis qui a été consul de la nation française à Naples, où il assure avoir vu des exemples de gens mordus et guéris de la sorte.

LE CHEVALIER. — Je trouve tout le monde savant dans cette maison; je n'y entends dire que des choses agréables et singulières.

LA COMTESSE. — Bon ! vous aurez beau vous récrier et dire que je suis savante, quand je vous parlerai de mes petits poulets et de toutes les merveilles de ma ménagerie; cela viendra à son tour. Voilà mon mari qui arrive et qui descend de cheval. Il nous amène grande compagnie. Allons le joindre.

LE CHEVALIER. — Je cours l'embrasser.

FIN DU DIALOGUE.

———

Mon père m'a écrit de Naples, 30 janvier 1809 :

« Salut et amitié à Tonnelier et à Laurent quand tu
» les verras. Dis à ce dernier que l'araignée nommée ta-
» rentule, dont la piqûre, dit-on, rend fou et fait mourir,
» n'existe ni à Tarente, ni en Italie. C'est un conte; on
» disait que la danse et la musique guérissaient de cette
» morsure; les femmes de ce pays, qui aiment fort à
» danser et à jouer du tambourin, se disaient mordues
» de la tarentule (dont la marque n'est pas apparente)
» pour qu'on les fît danser du matin au soir. C'est ainsi

» que ce conte s'est propagé et que nos naturalistes de
» Paris y ont cru jusqu'à ce jour. J'en écrirai plus lon-
» guement à Tonnelier et à Laurent. J'ai rassemblé les
» preuves de mon dire. Il y a bien à Tarente (ici près,
» dans la mer Adriatique), une araignée particulière au
» *pays et fort jolie*; mais sa morsure n'est pas dangereuse.
» C'est de cette araignée, nommée *tarentule*, que la
» danse qu'on aime beaucoup en ce pays et qu'on nomme
» la *tarentelle*, a pris son nom. Mme de Staël en parle
» dans son roman de *Corinne* ou l'*Italie*, c'est son meil-
» leur ouvrage. »

Cette observation, que mon père me disait de trans-
mettre à ses amis de l'Institut, me suggère une idée
que je soumets à l'opinion de ceux qui me liront.

Les miracles de la vie organisée s'expliquent par les
apologues. *Ainsi, les filles de Minée méprisant le culte
de Bacchus et travaillant pendant l'une de ses solennités,
ont été métamorphosées en araignées.

Les araignées malignes se perpétuent par *elles-mêmes*;
leur souffle remplit le sac et la fermentation bouillonne
et éclate comme la fourmilière ne renfermant qu'une
mère et beaucoup d'ouvrières vagabondes : *c'est un
rayon qui a son aimant.*

Mon père lisait Pline, mais sa préoccupation était
grande dans les événemens politiques. Il m'écrivait de
Naples : *Nous marchons ici sur un volcan*; je ne peux pas
tout te dire, mais un complot vient d'être découvert
(sorte de machine infernale en conduits atmosphériques
pour faire sauter les Français.)

Le Vésuve, dans l'éruption où Pline a péri, avait
peut-être purifié l'action inflammatoire de l'insecte (car
sa piqûre enflamme le cerveau, fermentant le fluide
spirituel). Les éruptions trop rares feraient peut-être
fermenter le venin de cette espèce de monstre et lui ren-

draient toute sa malignité. La mouche devient très piquante selon le degré de la température, et sa piqûre souvent est *pestilentielle*. Ainsi l'araignée qui file dans un degré atmosphérique nuisible et sur des eaux corrompues porte nécessairement en elle une essence corrosive.

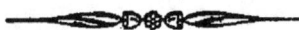

<hr />

LES COQUILLAGES (1).

LE COMTE. — LA COMTESSE. — LE PRIEUR. — LE CHEVALIER.

LA COMTESSE. — Entrons.

LE COMTE. — Qu'est-ce que madame veut faire de tous ces verres si bien rangés?

LA COMTESSE. — C'est une collation que je vous ai servie moi-même.

LA COMTE. — Quoi donc! ce sont des moules de mer que je vois dans cette eau sur un peu de gravier; des moules au lieu d'huîtres fraîches? le régal est nouveau.

LA COMTESSE. — Il est beaucoup meilleur que vous ne pensez, et je suis bien sûre qu'on m'en remerciera. Ne voyez-vous pas ce qui accompagne les moules?

LE PRIEUR. — En voici une tout ouverte avec plusiéurs filets par lesquels je la vois attachée sur un galet. On la prendrait pour une tente avec ses cordes et ses piquets.

LE COMTE. — J'en vois deux autres qui tiennent aussi à la vase par un moindre nombre de fils. Voilà qui est bien extraordinaire : apparemment ce sont encore ici quelques filandières que madame a voulu nous faire.

(1) Neuvième entretien, extrait du SPECTACLE DE LA NATURE.

LA COMTESSE. — Voilà l'affaire. La pensée m'en vint avec l'occasion le jour même que vous entretîntes le chevalier du travail des chenilles ou des araignées. Ce sont là les fileuses de la terre ; mais la mer a aussi les siennes. On m'en montra par hasard ce jour-là, et je fus bien aise de vous les faire voir à votre tour (1).

LE CHEVALIER. — Madame, pour le coup, vous voilà hors de votre ménage. Ceci n'est ni votre jardin, ni votre basse-cour.

LA COMTESSE. — Il est vrai ; mais la cuisine me l'a fourni. Il y a six ou sept jours que mon maître d'hôtel payait au chasse-marée, qui passe régulièrement toutes les semaines, les huîtres et le poisson qu'il avait pris. Je m'arrêtai un moment à considérer un tas de moules qu'on n'avait pas encore livrées au cuisinier. J'y vis avec surprise une multitude de petits paquets de filasse ; sur quoi le chasse-marée me dit avec la politesse ordinaire aux gens de son métier, que les moules ne pouvaient se passer de fil, et que cela leur servait de cordeau pour s'amarrer. Je compris qu'il y avait là de quoi vous faire plaisir, et lui recommandai de m'apporter au premier voyage deux cruches de grès pleines d'eau de mer avec un peu de vase et quelques moules vivantes par-dessus. Il m'a fort bien servie, et même plus tôt que je n'espérais. J'ai fait distribuer l'eau, le sable et les fileuses dans différens verres pour voir comment elles s'y prennent, et en voilà déjà trois ou quatre qui se sont mises à l'ouvrage.

(1) Le chemin de fer dans une ligne d'une des provinces des États-Unis d'Amérique a été entravé par une nuée de chenilles et retardé plus d'un quart d'heure ; on écrasa beaucoup de ces insectes *qui eurent l'honneur d'arrêter le convoi.* Il est à regretter que l'homme à calcul ne pense jamais que l'air se fonctionne par la vie organisée.

Elles filent très certainement les cordelettes que vous voyez et qui n'y étaient pas avant-hier. Elles s'attachent avec ces fils sur le galet ou sur le gros gravier, apparemment par habitude, et dans l'appréhension que le flot ne les emporte. Mais je ne comprends rien à la manière dont elles forment le fil.

Le comte. — Monsieur le prieur démêle-t-il quelque chose dans ce travail?

Le prieur. — Je remarque dans ces trois premiers verres que la moule avance hors de ses écailles une trompe ou une langue avec laquelle elle paraît sonder et essayer l'endroit propre pour attacher un nouveau fil.

Le comte. — J'avais bien ouï dire que tous les coquillages qui tiennent de la nature de la moule avaient une sorte de trompe, et je l'ai remarqué très souvent dans les moules, même toutes cuites. Je savais que cette trompe leur sert de jambes pour avancer; qu'elles l'étendent hors de l'écaille de plus d'un pouce et demi, la collent, je ne sais comment, sur la vase, puis la raccourcissent tout d'un coup, en attirant par ce moyen leur petite maison, ce qui les met en état d'aller successivement d'un endroit à un autre. Mais je vois que cette trompe leur est encore d'un autre usage. Madame me paraît l'avoir très bien deviné. Ce n'est pas assez pour l'animal d'avoir trouvé des sacs propres à les nourrir; il faut qu'il puisse s'y arrêter pour en tirer son aliment. Mais sans défense, comme il est, le premier coup de vent, ou la vague qui est presque toujours en mouvement le long des côtes sur lesquelles il cherche sa nourriture, pourrait l'emporter bien loin en un instant. Les cordes, de quelque manière qu'elles se façonnent, lui ont été données pour s'ancrer et demeurer stable. Voyons si l'on pourrait apercevoir le mécanisme de son ouvrage. Il me semble que je l'entrevois. Un peu de patience. A l'aide de cette loupe j'espère vous en rendre raison. Je viens de remarquer le long de la trompe une cannelure ou une longue raie qui va d'un bout à l'autre. La moule a ensuite rapproché les lèvres de cette rainure, et l'a couverte en entier. Remarquez, je vous prie, qu'il vient de sortir une goutte de liqueur par l'extrémité qui touche le galet.

LE PRIEUR. — Cela est sensible ; la goutte s'est étendue en rond, et je la vois qui se fige et s'épaissit.

LE COMTE. — Je soupçonne que toute la trompe se plie comme une lame de plomb en s'arrondissant dans sa longueur, et que les bords étant rapprochés, il s'en forme en dedans un tuyau vide, ou un canal dans lequel la gomme dont la corde est formée se fige et se façonne comme une bougie dans son moule.

LE PRIEUR. — Ce que vous me dites est certain : car voilà toute la trompe qui s'ouvre de haut en bas et s'aplatit. La liqueur qui s'est épaissie dans ce canal est dégagée de son moule par l'aplanissement de la langue, et voilà une nouvelle corde faite, qui par un bout tient à l'estomac d'où elle part, et de l'autre au galet où elle est attachée.

LE COMTE. — L'animal n'est pas encore bien ancré apparemment ; car je vois la trompe qui s'allonge de nouveau, et qui cherche la place pour y attacher une autre corde. Suivons-la dans tous ses mouvemens.

LE CHEVALIER. — Voilà une trompe qui fournit à la moule bien des commodités : elle lui sert de jambes pour avancer, de langue pour savourer les sucs qu'elle rencontre, et de moule pour façonner le fil qui la doit attacher.

LE COMTE. — Je ne doute plus que la fabrique de ces cordes ne soit telle que nous avons dit ; et je comprends à présent comment la pinne-marine, qui est une très grande moule de mer, peut avec un instrument plus fin former des fils plus estimés que la soie, et dont on fait en Sicile des étoffes de la beauté la plus parfaite.

LE CHEVALIER. — Mais voici un embarras. Quand la moule a mangé ou sucé tout ce qui peut lui convenir dans un endroit, comment fait-elle pour se détacher? Ces fils alors doivent lui être à charge.

LE COMTE. — Le chevalier raisonne juste. Je n'ai pas encore vu la suite de cette manœuvre, et je ne puis rien assurer de positif pour bien répondre à la difficulté. Mais il est certain que les moules ont un mouvement progressif, et qu'elles changent de place. D'où je conclus que comme elles ont un réservoir de matière gluante avec quoi elles forment le fil, et l'attachent par le bout sur la pierre, la nature leur a donné aussi une eau dissolvante qu'elles versent au besoin sur l'extrémité de leurs cordes, ou quelqu'autre industrie pour les détacher, se mettre en liberté, et aller planter le piquet dans un autre endroit. Peut-être quand elles se trouvent bien placées passent-elles toute leur vie attachées au même endroit, comme les huîtres. Je voudrais être plus voisin de la mer. C'est un autre monde qui nous est encore bien inconnu. Par le succès de l'expérience que madame nous a procurée, je vois qu'on pourrait découvrir bien des choses.

LA COMTESSE. — Si nous étions dans le voisinage des côtes qui donnent des pinnes-marines, au lieu d'ouvrières en gros fil, je vous aurais fait voir des travailleuses en soie. Ce serait une de mes grandes curiosités que de voir leur ouvrage, et quel profit on en pourrait faire.

LE COMTE. — J'ai vu des gants de soie. On en fait à Palerme, et il n'est pas impossible de vous en faire avoir.

LE PRIEUR. — J'ai vu des gants d'une soie encore toute différente.

LA COMTESSE. — De quelle soie?

LE PRIEUR. — De soie ou de fil d'araignée. Ce furent messieurs de l'académie de Montpellier qui les envoyèrent à examiner à messieurs de l'Académie des sciences. Quelque temps après on en fit aussi des bas et des mitaines qui furent présentées à Mme la duchesse de Bourgogne.

LA COMTESSE. — Puisque ce fil est si commun, n'a-t-on pas essayé d'en établir une manufacture?

LE PRIEUR. C'est une des tentatives de M. de Réaumur, qui a presque toujours des vues nouvelles, souvent heureuses et intéressantes sur les sujets les plus communs et les plus négligés.

Il essaya de mettre ensemble bon nombre de ses insectes. Il leur fit donner des mouches et des bouts de jeunes plumes de poulets et de pigeons tout nouvellement arrachées parce que ces plumes sont pleines de sang, qu'elles sont faciles à avoir et que les araignées en paraissent fort friandes. Mais il trouva bientôt que quelque soin qu'on prenne de les nourrir de ce qu'elles aiment le mieux, elles sont si méchantes quand on les met ensemble qu'elles quittent tout pour s'entre-dévorer. Voilà donc des gens qu'on ne peut mettre en communauté. Et quand il serait possible de les réunir en un seul corps de manufacture, il faudrait trop de place et de soin pour en nourrir une quantité suffisante. D'ailleurs leur fil est quatre à cinq fois plus fin que celui des vers à soie. Il faudrait, de compte fait, près de soixante mille araignées pour donner une livre de soie. Encore n'est-il pas sûr qu'on puisse employer leur fil ordinaire. On ne s'est encore servi que du fil avec lequel elles font l'enveloppe de leurs œufs, qui est trois ou quatre fois plus fort que celui de leur toile. Enfin, le résultat de toutes ces expériences, c'est qu'il ne faut pas s'attendre à cette manufacture pour être bien ganté.

LA COMTESSE. — Je vois bien qu'il faudra faire ma provision ailleurs.

LE CHEVALIER. — Je comprends assez bien comment la moule, avec le secours de sa trompe, peut marcher et s'arrêter comme il lui plaît. Mais voilà un limaçon que je viens de trouver à la fenêtre sur une feuille de la treille, et que j'ai vu marcher sans qu'il ait ni trompe, ni jambe pour avancer chemin. Comment cela se peut-il faire ?

LA COMTESSE. — Je suis en peine aussi de savoir comment le limaçon, la moule, et tous les coquillages construisent cette petite maison qu'ils portent partout avec eux, et où ils se sauvent dès qu'on les touche le moins du monde.

LE PRIEUR. J'ai quelquefois examiné le limaçon avec assez de soin. Je puis vous faire son histoire à l'exception de la formation de son écaille que je réserve à M. le comte.

Nous ne voyons plus ici ni plumes, ni poils, ni coque de fil, c'est un nouvel ordre. Ce sont des vues toutes différentes. Dans la nature, chaque animal a sa demeure, et chaque appartement a ses beautés et ses commodités particulières. Le toit, sous lequel le limaçon loge, réunit deux avantages qu'on ne croirait pas pouvoir allier, une extrême dureté, avec la plus grande légèreté, moyennant quoi l'animal est à couvert de toute injure, transporte sans peine son logis où il veut, et se trouve toujours chez lui en quelque pays qu'il voyage. Aux approches du froid, il se retire dans quelque trou. Là il laisse couler de son corps une certaine colle, qui s'épaissit à l'ouverture de sa coquille, et qui la ferme entièrement. Retiré sous cet abri, il passe comme bien d'autres la mauvaise saison sans peine et sans besoin. Quand le printemps ramène les beaux jours, le limaçon ouvre sa porte et va chercher fortune. Avec l'appétit, tous les be-

soins renaissent. Mais rampant comme il fait, sa maison
par dessus lui, s'il avait les yeux aussi bas que le corps
qu'il traîne à terre, il ne verrait pas les objets qu'il doit
fuir ou rechercher. Il serait du moins exposé à les salir
sans cesse dans la fange. C'est pourquoi la nature l'a
pourvu de quatre lunettes d'approche pour l'informer
de tout ce qui l'environne.

Le chevalier.—Monsieur le prieur a-t-il vu les tuyaux
de ces lunettes ?

Le prieur.—La chose est sérieuse. Ses quatre pré-
tendues cornes sont quatre tuyaux avec une vitre au bout,
ou quatre nerfs optiques, sur chacun desquels il y a un
très bel œil ; et non seulement il lève la tête pour voir
de loin, mais il porte encore bien plus haut ses quatre
nerfs et les yeux qui les terminent. Il les allonge, il les
dirige comme il veut. Ainsi ce sont de vraies lunettes d'approche qu'il tire, qu'il tourne, et qu'il renferme ensuite
selon son besoin. Il y a deux de ces cornes où les yeux
sont faciles à apercevoir ; peut-être les deux autres sou-
tiennent-elles l'organe de l'odorat. Quoi qu'il en soit, voilà le limaçon logé et éclairé. Il est en état de découvrir ce
qui l'accommode ; mais dépourvu de pieds, comment
l'ira-t-il chercher? Au défaut de jambes, il a reçu deux
grandes peaux musculeuses, qui, en se déridant, s'allongent ; puis, serrant de nouveau leurs plis de devant, se
font suivre de ceux de derrière et de tout le bâtiment
qui pose dessus. Il se présente un nouvel embarras. Toujours collé contre terre, et n'ayant ni ailes pour s'élever
en l'air, ni fil pour se soutenir en cas de chute, il sera
sans cesse exposé à se briser en tombant de quelque hau-
teur, ou à se noyer dans la première eau qui l'inondera.
L'humidité seule sera capable de le pénétrer et de le
tuer. La nature l'a délivré de tous ces inconvéniens en les
remplissant d'une humeur grasse ou visqueuse qui le ga-

rantit des chutes par sa ténacité, et qui le rend impénétrable à l'humidité, par le moyen de l'huile dont elle
bouche tous les pores de sa peau. Il ménage cette huile
qui lui est si précieuse ; il évite le soleil qui la dessèche-
rait, et il la conserve aisément dans les lieux humides où
elle lui est d'un grand secours.

Rien ne l'empêche à présent d'aller chercher sa nourriture. Quand il l'a trouvée, il met en œuvre pour la cou-
per deux os armés de dents, avec lesquels il fait quelquefois bien du dégât sur les meilleurs fruits, sur les tendres
boutons des plantes, et même sur les feuilles, de la conservation desquelles dépend aussi celle du fruit. Vous voyez
que tout méprisable que nous paraît cet animal, la nature
ne l'a point négligé, et lui a même donné des commodités
fort singulières.

Mais ce qu'il a de plus surprenant dans les limaçons,
c'est qu'ils sont hermaphrodites, et ont à la fois les deux
sexes ; en sorte que chacun d'eux donne la fécondité à un
autre de qui il la reçoit en même temps. Lorsqu'ils veulent s'approcher, ils s'entr'avertissent par un moyen qui
leur est particulier. L'un d'eux lance et fait voler sur
l'autre une espèce de petite flèche ou de dard qui a quatre
ailes ou quatre petits tranchans. Ce dard se détache
entièrement de celui qui le lance et va piquer l'autre, ou
tombe à terre après l'avoir piqué. Celui-ci à son tour
lance son dard sur le premier. Ce petit combat est suivi
d'une prompte réconciliation. Le dard est d'une matière
semblable à de la corne. Ils en trouvent toujours de tout
prêts dans ces approchemens qui arrivent tous les ans,
trois fois en six semaines, de quinze jours en quinze
jours. Chacun d'eux dix-huit jours après dépose ses
œufs en terre, ou les étend sur nos fruits dans une couche de glu. De là, les taches que nous attribuons à des
coups de grêle. Ma grande curiosité serait présentement

de savoir si l'écaille du limaçon est formé dans l'œuf même, et comment cette écaille s'augmente et se répare au besoin.

LE COMTE. — Monsieur, j'ai votre affaire. J'ai fait là-dessus cinq ou six expériences qui m'ont fort bien réussi, et qui vont fournir la réponse à vos questions.

Le limaçon vient au monde ou sort de son œuf avec une coquille toute formée et d'une petitesse proportionnée à celle de son corps, et à la coque de l'œuf qui la contenait. Cette coquille est la base d'une autre qui ira toujours en augmentant. La petite coquille, telle qu'elle est sortie de l'œuf, occupera toujours le centre de celle que l'animal devenu plus grand se formera en ajoutant de nouveaux tours à la première, et comme son corps ne peut s'allonger que vers l'ouverture, ce ne sera que vers l'ouverture que la coquille recevra de nouveaux accroissemens. La matière en est dans le corps de l'animal même. C'est une liqueur ou une colle composée de glu et de petits grains pierreux très fins. Ces matières passent par une multitude de petits canaux et arrivent jusqu'aux pores dont la surface de leur corps est toute criblée. Trouvant tous les pores fermés sous l'écaille, elles se détournent vers les parties du corps qui sortent de la coquille, et qui se trouvent à nu. Ces particules de sable et de glu transpirent au dehors ; elles s'épaississent en se collant ou en se séchant au bord de la coquille. Il s'en forme d'abord une simple pellicule, sous laquelle il s'en assemble une autre, et sous celle-ci une troisième. De toutes ces couches réunies, se forme une croûte toute semblable au reste de l'écaille. Quand l'animal vient encore à croître, et que l'extrémité de son corps n'est pas suffisamment vêtue, il continue à suer et à bâtir par le même moyen. Il est certain que c'est de cette façon qu'il construit, et qu'il répare son logement. Il y a quelque temps que je pris plusieurs limaçons, et que je cassai légèrement quelque portion de leur écaille sans les blesser eux-mêmes. Ensuite je les mis sous des verres avec de la terre et des herbes. J'aperçus bientôt que la partie de leurs corps qui était sans couverture et qu'on voyait par la fracture, se couvrait d'une espèce d'écume ou de sueur qui coulait tout à la fois par tous les pores. Je voyais ensuite cette écume poussée peu à peu par une autre qui coulait dessous; bientôt enfin je la vis amenée à niveau de la première ou de l'ancienne.

Le prieur. — Mais, monsieur, êtes-vous sûr que ce suc formateur vienne du corps de l'animal et non des extrémités de l'écaille voisine?

Le comte. — J'en suis sûr, autant qu'on le peut être. Voici ce que je fis pour m'en instruire. Après avoir fait une fracture à la coquille d'un limaçon, je pris une petite peau qu'on trouve sous la coque de l'œuf de poule et je la glissai proprement entre le corps du limaçon et les extrémités de la fracture. Si l'écaille travaillait elle-même à se rétablir, le suc qui en aurait coulé serait répandu sur la petite peau et l'aurait cachée à mesure que le trou se serait rempli. Si le suc au contraire venait du corps même du limaçon, la petite peau devait l'empêcher de couler au dehors, et le suc en ce cas devait s'épaissir entre la pellicule et le corps de l'animal, et c'est ce qui arriva.

Le prieur. — A cela je n'ai plus rien à opposer.

Le comte. — Je fis encore autrement. Dès quatre ou cinq tours que fait la coquille d'un limaçon, je cassai et enlevai tout le dernier. Puis entre l'écaille et le corps j'insinuai une peau de gant des plus fines, que je renversai ensuite, et que je collai sur le dehors de la coquille. Si le suc formateur coulait de celle-ci, il aurait poussé et chassé la petite peau ; mais il ne branla pas. Le tiers et plus du limaçon qui était à l'air fut bientôt couvert d'une sueur dont il se forma un nouveau tour d'écaille qui se joignit à l'ancienne de façon que la *peau du gant était partout entre deux* (1).

LE PRIEUR. — J'aime à voir éclaircir cette matière, parce qu'expliquer la formation de l'écaille du limaçon, c'est en même temps rendre raison de celle de tous les différens coquillages de la mer et des rivières. Permettez-moi donc, je vous prie, de vous proposer encore une difficulté : je suis sûr qu'elle nous attirera de nouvelles lumières. Si les écailles se forment comme M. le comte vient de le dire, les fractures faites à ces écailles sont réparées par une matière qui passe précisément par les mêmes cribles par où avait passé celle qui remplissait d'abord l'espace depuis fracturé ; la pièce qui répare le mal devrait donc être exactement de la même couleur que ce qui est cassé, et que tout le reste de l'écaille. Cependant j'ai vu plusieurs limaçons maltraités raccommoder leur couverture, de manière que la pièce était visible, étant d'une couleur différente du reste.

LE COMTE. — Ce que vous dites ne détruit point du tout ce que j'ai avancé ; et vous me donnez lieu d'expliquer d'où viennent ces raies et ces marbrures que nous voyons avec surprise sur les écailles des limaçons et de la plupart des coquillages.

LE CHEVALIER. — Je serais fort aise d'en savoir l'origine, car j'ai souvent vu des coquillages où l'on trouvait des raies tout unies depuis la petite pointe qui est au milieu jusqu'aux bords de l'ouverture ; d'autres où ces raies étaient rompues, ou mélangées de petites taches

(1) Cette expérience ne peut-elle pas donner lieu à quelques réflexions sur les pétrifications, accidens d'immobilité et de fermentation ?

qui ne ressemblaient pas mal à des notes de musique. D'où peut venir cette diversité?

LE COMTE. — Elle provient de la différente disposition de leur fraise, c'est-à-dire des dernières parties du corps de l'animal qui se présentent à l'ouverture de la coquille. Il y a souvent des raies à ce collier ou des parties qui sont d'une autre couleur que le reste. Cette différence de couleur montre qu'en cet endroit la tissure des chairs est différente des parties voisines : ainsi les sucs ou les écumes qui y arrivent, passant par des couloirs percés autrement que ceux du voisinage, acquièrent en cet endroit une couleur particulière ; et comme la partie où est cette raie sue et travaille comme toutes les autres parties du collier, et qu'elle contribue à la formation et à l'agrandissement successif de l'écaille avec tout ce qui s'allonge de temps en temps en dehors, tous les points de l'écaille qui répondront à cette partie auront toujours une même couleur entre eux, mais différentes de celles des parties voisines, d'où il doit arriver que ces couleurs soient couchées par bandes et par raies, et qu'elles continuent de même tant que l'animal continuera doucement à se mouvoir lui-même, et fera de petites augmentations à son écaille en s'avançant toujours un peu vers le dehors.

Mais pour comprendre encore mieux cet ouvrage, on pourrait penser, avec quelques observateurs, que quand l'animal grossit, il retire sa queue du fond de son écaille devenue trop petite pour lui ; il monte plus haut, et pose sa queue vers le second tour de sa coquille, ou vers le troisième, et agrandit sa maison vers l'ouverture. Quand il fait ces changemens petit à petit et en montant toujours de proche en proche, les parties de son collier qui causent des changemens de couleur dans l'écaille par la diversité de leurs pores forment une raie suivie et sans interruption. Mais quand l'animal en se déplaçant laisse un intervalle entre le point que sa queue quitte et le nouveau point où elle s'arrête, il en est de même à proportion de toutes les autres parties du corps. Pour lors les parties du collier qui causaient des taches se trouvant placées à quelque distance de la tache précédente, teignent l'écaille, de façon qu'il y a un intervalle plus ou moins grand entre une tache et l'autre, et voilà l'origine de vos notes de musique. D'autres croient que la coquille est toujours pleine, et que l'accroissement successif du collier suffit pour expliquer tout. Différentes causes peuvent encore concourir à tacher et à marbrer tous les dehors par des couleurs plus ou moins vives. La qualité des nourritures, la bonne ou la mauvaise santé de l'animal, l'inégalité de son tempérament selon les âges, et enfin les altérations qui peuvent arriver aux différens cribles de sa peau ; mille accidens peuvent tantôt changer, tantôt affaiblir certaines teintes, et diversifier le tout à l'infini.

Si la coquille imite par la diversité de ses couleurs la diversité des pores de l'animal, à plus forte raison doit-elle imiter la forme du collier sur lequel elle est moulée. Ainsi voit-on dans toutes les coquilles de mer que, si l'animal a sur le collier quelque tubérosité ou inégalité, il se forme aussi une tubérosité ou une tumeur à la partie de la croûte qui y répond. Quand l'animal vient à se déplacer et à faire une augmentation à sa demeure, la même tumeur qui avait déjà enflé l'écaille en un endroit, l'enfle de nouveau un peu plus loin : ce qui fait que vous voyez la même espèce d'inégalité paraître sur une ligne tout autour de la coquille. Quelquefois les plis du collier sont si gros ou si pointus, que ceux qui se forment dessus à la croûte ressemblent à des cornes. L'animal remplit ensuite les dedans, et par de nouvelles sueurs il se donne de nouvelles cornes qui lui servent de défenses contre les poissons qui pourraient être friands de sa chair. De même, si un collier est cannelé et fraisé, l'écaille qui le couvre est cannelée et fraisée ; si le collier est arrondi comme un bourrelet, l'écaille de même a des enfoncemens et des renflemens qui tournent comme une vis depuis la naissance de la coquille jusqu'au bord.

LE PRIEUR. — L'exactitude de tout ce que monsieur le comte vient de nous dire sur la formation des coquillages se trouve confirmée par ce que nous voyons très-souvent à l'ouverture d'une coquille de limaçon, et le long des bords des deux écailles d'une moule : c'est une petite pellicule qui n'est que l'ébauche ou le commencement d'une augmentation que l'animal voulait faire à sa maison. D'ailleurs, quand on jette au feu des écailles de moules, de limaçons ou d'huîtres, le feu y pratique différentes feuilles, ou plutôt sépare les différentes couches de matière dont cette écaille avait été composée, et les fait apercevoir, en desséchant ou emportant la glu et les sels qui unissaient ces couches.

LE CHEVALIER. — Puisque nous en sommes sur les coquillages et les huîtres, monsieur le comte voudrait-il m'apprendre d'où peuvent venir ces deux petites perles que nous trouvâmes dans une des huîtres qu'on nous servit hier à dîner?

LE COMTE. — Ce que je pense là-dessus, mon cher chevalier, se réduit à vous dire que cette huître avait la gravelle.

LE CHEVALIER. — Ce que monsieur dit, est-il sérieux?

LE COMTE. — Très sérieux.

LE CHEVALIER. — Quoi! monsieur, ces perles que nous admirons tant et que nous achetons si cher, sont l'effet d'une maladie de l'animal qui les produit?

LE COMTE. — Si la chose n'est pas certaine, elle est du moins fort vraisemblable. Le suc ou la colle qui sert aux huîtres et aux pinnes-marines à former par transpira-

tion les commencemens et les agrandissemens de leurs
écailles, s'extravase quelquefois hors de son réceptacle
naturel; il s'amasse par gouttes, il s'épaissit par petits
pelotons ou globules de la couleur de l'écaille, et voilà
des perles toutes faites.

LE PRIEUR. — Il est sûr qu'il y a un rapport parfait
entre la couleur de la perle et celle de l'écaille, ce qui
donne lieu de penser que la matière de l'une est la même
chose que la matière de l'autre. Dans un voyage que je
fis, il y a douze ans, vers le midi de la France, j'eus
occasion de voir le port de Marseille et celui de Toulon.
Dans ce dernier, on nous montra des pinnes-marines
dont l'écaille était de plus de deux pieds de long. En les
ouvrant nous y trouvâmes des perles rouges et des perles
de couleur de nacre. Mais les perles rouges étaient
attachées à l'écaille du côté que les raies du corps de
l'animal teignaient ses écailles en rouge, et les perles de
couleur de nacre étaient du côté que l'écaille avait la
couleur de nacre. Ce qui montre le parfait rapport qu'il
y a entre le suc qui forme l'écaille et celui qui forme la
perle. D'ailleurs, pour une perle qu'on trouvera dans le
corps de l'huître, on en trouvera mille attachées à la
nacre, où elles sont autant de verrues.

Mais disons contre ce système tout ce qu'on peut y
opposer. Tous les ans les écrevisses se défont de leur
écaille, et poussent à la place une liqueur qui leur couvre
tout le corps; puis se séchant et se durcissant peu à peu,
elle devient une écaille aussi forte que la précédente.
Aux approches de cette mue, on trouve dans le corps
de l'écrevisse de certaines pierres qu'on appelle fort
improprement des yeux d'écrevisses. Ces pierres dimi-
nuent à mesure que la nouvelle écaille se fortifie, et
l'on ne trouve plus de pierres dans l'écrevisse lorsque
l'écaille est entièrement formée; ce qui a donné lieu à un

célèbre académicien de penser que ces pierres étaient l'amas ou le réservoir de la matière que les écrevisses emploient pour réparer la perte de leurs écailles. N'en serait-il point de l'huître comme de l'écrevisse, et de la perle comme de l'œil d'écrevisse? La perle ne serait-elle pas le réservoir de la matière qui sert à réparer l'écaille au besoin?

LE COMTE. — La comparaison que vous faites de l'écrevisse avec l'huître paraît d'abord embarrassante ; mais vue de près, elle tourne à mon avantage. Ce qui fait une partie essentielle d'un animal se trouve dans tous ceux de son espèce, et il n'est point vraisemblable que la nature ne leur accorde qu'en quelques endroits une chose dout ils ne peuvent se passer nulle part. Au contraire, ce qui n'est qu'un défaut dans l'animal, ne se trouve que dans quelques-uns de son espèce : un défaut n'est point universel. Les pierres des écrevisses qui paraissent une partie nécessaire pour la réparation de leur écaille se trouvent, dit-on, dans toutes les écrevisses dans le temps de leur mue. Mais il y a une multitude d'huîtres où l'on ne trouve jamais de perles : d'où l'on peut inférer que la perle est un défaut de l'huître, et un défaut qui n'est pas commun. Si les perles étaient le réservoir de la matière avec laquelle les huîtres renouvellent ou réparent leurs écailles, elles auraient toutes ce réservoir.

D'ailleurs, on a remarqué dans les relations de voyageurs que les côtes où l'on fait la pêche des perles sont malsaines, ce qui fait croire avec raison que les huîtres qu'on y trouve ne renferment des perles que parce qu'elles sont malades. Les Espagnols ont abandonné la pêche des perles de l'Amérique. C'est une chose certaine que l'air et les eaux de l'île de Baharen (dans le golfe Persique) des bancs et des rochers de laquelle les plon-

geurs vont arracher les nacres, sont insupportables à
ceux qui y vont faire le trafic des perles. Les paysans
même ne veulent pas manger l'huître où ils les trouvent,
tant la chair leur en paraît mauvaise. Tout, au contraire, plus nos huîtres sont épuisées, moins on y trouve
de perles. D'où il est assez naturel de conclure que les
eaux où l'on trouve le plus de perles sont malsaines,
et qu'au contraire les huîtres qui sont dans les eaux
saines, ou qui se nourrissent des sucs bienfaisans, ne
donnent que peu ou point du tout de perles, parce qu'il
n'y a aucune maladie ni aucun désordre dans leur tempérament.

LE PRIEUR. — Je me rends. Ce que vous dites me paraît satisfaisant.

LE COMTE. — Quoique les coquillages ne soient pas inconnus à M. le chevalier, s'il veut passer dans mon cabinet, il verra dans les tiroirs de ma commode une suite
de coquilles dont la variété et les riches couleurs le ré-
jouiront. Il y verra dans ce petit espace des curiosités des
quatre parties du monde. Bien des gens en font amas et
les rangent en différentes classes, en donnant à chaque
coquille le nom de la chose avec laquelle elle se trouve
avoir le plus de ressemblance. Ce n'est pas une science
fort flatteuse que de pouvoir donner un nom à chaque
sorte de coquillage ; mais elle n'est pas inutile. On éloigne
par ce moyen la confusion, et l'on met en ordre cette
partie de l'histoire naturelle. On est infiniment touché
de voir cette prodigieuse diversité d'espèces qui se pro-
duisent toujours les mêmes dans la suite des siècles. Elles
sont toutes faites sur un même dessein, qui est de mettre l'animal à couvert. Mais quelle variété dans l'exécu-
tion de ce dessein si simple ! Elles ont toutes une perfection, des graces et des commodités qui leur sont propres ;
on trouve partout une industrie et des ressources que

rien ne peut épuiser. D'autres curieux, moins occupés de ce qui a rapport à l'histoire naturelle que des différens effets que ces coquillages peuvent produire par l'assortiment de leurs belles couleurs, en amassent de toutes façons et de toutes les tailles, pour en former différens ouvrages d'un goût singulier. Ils en font des bouquets, des guirlandes, des antres (1), des paysages, de l'architecture, des figures d'hommes et d'animaux ; le tout composé de grandes et de petites coquilles. Il entre dans ce travail beaucoup de patience, quelquefois beaucoup de génie et d'agrément. Ce que je souhaite en vous montrant les miennes, c'est de vous mieux faire entendre ce que je vous ai dit de la manière dont elles se forment.

Le chevalier. — Je serai ravi de répéter moi-même et d'expliquer sur les coquilles ce que vous m'en avez appris. Mais j'oubliais de vous en montrer trois ou quatre que j'ai depuis longtemps dans ma poche ; elles sont assez jolies. Les voilà.

Le comte. — Celles-ci sont pétrifiées.

Le chevalier. — Pétrifiées ! Qu'entendez-vous par là, je vous prie ?

Le comte. — C'est-à-dire que la coquille et l'huître qui étaient dedans, ayant été inondées des sucs qui forment des pierres, sont devenues de nature de pierre sans changer de figure.

Le chevalier. — Je ne comprends pas, monsieur, de quelle huître vous voulez parler. Les huîtres se trouvent dans la mer, et j'ai trouvé ceci sur une montagne. Un peu avant que mon père partît pour Amiens, il fit sa-

(1) Madame Chevremont à la classe commune donnait toujours à la lecture à haute voix le même ouvrage, *Télémaque*, la Grotte de Calypso, et son architecture de coquillages étant bonnes à méditer.

bler ses parterres et ses allées. A côté de sa terre sont deux collines où l'on va chercher deux sortes de sable de la plus belle couleur, l'un gris, l'autre d'un jaune tirant sur le rouge. Toutes les fois que j'allais voir travailler les ouvriers qui chargeaient le sable, ils me donnaient de ces coquilles, qu'ils trouvaient assez souvent par tas. Il faut bien croire que ces coquillages sont d'une autre espèce que ceux de la mer.

LE PRIEUR. — Fort bien, messieurs : je vous vois venir. Adieu les insectes et les coquillages. Vous allez vous jeter tout de suite dans l'histoire de la terre telle qu'elle était avant le déluge. Vous voyez que cela va loin. Je m'en vais prendre congé de vous.

LE COMTE. — Non, je vous prie ; demeurez encore un moment : nous avons besoin de vous. Une courte digression sur la demande que me fait le chevalier vaudra mieux pour lui que les nacres les plus brillantes et que les perles de la plus belle eau. Mon cher chevalier, je vous ferai voir tout à l'heure dans mon recueil trois coquillages qui sont précisément de la même espèce que les trois vôtres ; les uns comme les autres ont pris naissance dans l'eau de la mer.

LE CHEVALIER. — Qui a donc pu les apporter auprès de chez nous, dans le cœur d'une montagne?

LE COMTE. — C'est la mer même qui les y a portés ou qui les y a laissés.

LE CHEVALIER. — J'ai cependant ouï dire que la mer ne passait pas certaines bornes jusqu'où on la voit venir. Et quand, par l'effet d'une tempête ou autrement, elle inonderait quelques plaines voisines, elles ne peut pas s'étendre jusqu'à vingt lieues et plus de distance : car il y a autant de chez nous à la mer.

LE COMTE. — Quoi! chevalier, vous ne voyez pas quand la chose a pu se faire? Votre difficulté sera-t-elle plus grande, si je vous dis qu'au milieu de l'Afrique on trouve des campagnes pleines de coquillages à plus de trois cents lieues de la mer, et qu'on en rencontre même de grandes couches entassées les unes sur les autres au plus haut des Alpes? Voilà donc la mer par-dessus les montagnes. Comment nous tirer de là?

LE CHEVALIER. Je commence au contraire à y trouver moins de difficulté. Il faut nécessairement que cet amas de coquillages ait été apporté ou abandonné par les eaux lorsqu'elles ont inondé toute la terre et surpassé de quinze coudées les plus hautes montagnes. Rendez-moi, s'il vous plaît, mes coquilles : ce sont des curiosités d'avant le déluge.

LE PRIEUR. — Il est certain que toutes les nations ont conservé le souvenir du déluge, que les poètes même ne l'ont point perdu de vue au travers de leurs fictions. Toute la terre est couverte de monumens ineffaçables qui attestent partout le passage des eaux, et le déluge universel est un événement dont nous avons encore des preuves en main, de quelque façon qu'il soit arrivé et quelque incompréhensible qu'il paraisse. D'où il résulte une grande vérité, que je vous prie, monsieur le chevalier, de bien retenir, c'est qu'il y a dans la nature et dans la sainte écriture des choses inconcevables à l'esprit humain et qui ne laissent pas d'être certaines et démontrées.

———————

L'étude du thermomètre était l'occupation préférée avec laquelle mon père se délassait de ses travaux d'imprimerie; sa feuille indiquait tous les accidens météorologiques du Port-au-Prince et on lui adressait de toutes les parties de l'île les cas divers de météores et tremblemens de terre ; car l'horloge immortelle s'est dérangée par suite des envahissemens de l'esprit sur la loi naturelle. La région du tonnerre représente l'arbre de la science du bien et du mal. Mercure et l'esprit de vin sont les interprètes du haut et du bas empire. Chacun interrogeant le ciel où il naît, et y faisant, pendant longtemps, des observations, pourrait être fort utile au système du monde qu'on cherche à poser d'une manière sûre. Ces journaux météorologiques seraient peut-être plus utiles que des voyages rapides sous des zones où l'Européen ne peut séjourner assez pour étudier la nature pendant une année révolue dans ses produits minéralogiques et naturels.

Je vais ajouter aux deux conversations prises dans les *Études de la nature* quelques articles d'histoire naturelle puisés dans la *Gazette de Saint-Domingue.*

26 février 1785.

HISTOIRE NATURELLE.

On trouve, dans l'*île Sainte-Lucie*, une production végétale qui a des caractères particuliers qui approchent des substances animales. Dans une caverne de cette île, près de la mer, est un bassin de douze à quinze pieds de profondeur, dont l'eau est salée ; le fond est composé de rochers d'où s'élèvent, en tout temps, certaines substances qui présentent, au premier coup d'œil, de belles fleurs luisantes, semblables à peu près aux soucis simples, si ce n'est que la couleur en est plus claire, et approche plus de celle de la paille.

Quand on veut cueillir ces espèces de fleurs, dès que la main ou un autre instrument en est à deux ou trois pieds, elles se resserrent ou s'enfoncent dans l'eau ; lorsque cette espèce de tact cesse, elles reparaissent et cessent de nouveau.

En examinant de près cette substance, on trouve dans le centre du disque quatre filamens bruns, qui ressemblent à des pattes d'araignées, et qui se meuvent tout autour d'autant d'espèces de pétales jaunes, avec un mouvement vif et spontané. Ces pattes se réunissent comme des pinces pour saisir la proie, et les pétales jaunes se resserrent aussitôt pour renfermer la proie, qui ne peut plus échapper.

Sous cette apparence de fleurs, est une tige noire, grande comme la queue d'un corbeau, qui semble être le corps d'un animal. Il y a apparence qu'il vit de fragmens de petits insectes que jette la mer dans cette partie d'eau salée qu'il habite. La belle couleur qu'il porte est propre à attirer vers lui ces petits insectes, qui, comme tous les animaux aquatiques, se portent vers ce qui éclate. On peut nommer cette production singulière, l'*animal fleur*.

Voilà une petite histoire sur le *mirage*.

Lors d'une des dernières aurores boréales qu'on vit à Paris, beaucoup de gens du peuple furent alarmés. Un Russe se trouvant alors dans la capitale aperçut beaucoup de personnes rassemblées qui paraissaient troublées. Il demanda la cause de cette rumeur. Nous sommes, lui dit une femme effrayée, menacés des plus grands malheurs; voyez-en les signes dans le ciel. Bon, dit le Russe, *ces feux n'annoncent rien moins que ce que vous pensez, c'est la réverbération de quelque feu d'artifice que fait tirer ma souveraine à Pétersbourg. Je suis de ce pays-là, et je dois vous dire que comme le bois, la poudre et le goudron y sont extrêmement communs, on y en fait une prodigieuse consommation dans les réjouissances.*

Terminons par des modes fort ingénieusement mises à la suite de ce bon mot sur le mirage (1).

Samedi, 23 juillet 1785.

Pour donner une idée des termes de modes employées actuellement en France, nous transcrirons l'extrait suivant d'une lettre de Paris, adressée à M. P....

Madame votre épouse était dernièrement à la

---

(1) La société s'affuble du masque de la comédie en interprétant les événemens historiques ou astronomiques à sa manière, et en les caractérisant par des signes extérieurs toujours au profit du calcul et de la vanité. De là la *chanson* et la *mode* sont toujours *écho* ou *reflet* de l'époque.

Comédie-Française avec une robe *soupirs étouffés*, ornée de *regrets superflus*, un *point* au milieu, *de candeur parfaite*, une *attention marquée*, des souliers *à la Figaro*, brodés en *coups perfides*, et le venez-y-voir *à la Chérubin;* frisée en *sentimens soutenus*, avec un bonnet de *conquête assurée*, garni de *plumes volages*, les rubans *œil abattu*, ayant un *chat* et un *désespoir* couleur d'opale, un éventail d'*agitation momentanée* et des gants à l'*inconstance inattendue*.

Étant pensionnaire, je me rappelle avoir porté des *repentirs* sans avoir péché, et à l'issue de nos désastres politiques, des souliers couleur de *fumée de Moscou*, quoique fort chagrine des revers de l'armée française.

Voici les personnes avec lesquelles nous avions des rapports de société et d'affection.

M. Crevon dont j'ai parlé au commencement de ces mémoires, qui eut l'idée heureuse de payer en denrées coloniales ce qu'il devait à mon père, lorsqu'il apprit l'incendie du Port-au-Prince. Il avait plusieurs filles; l'aînée ne s'est pas mariée pour rester avec son père. C'est M. Crevon qui fonda l'industrie des toiles imperméables.

M. Tonnélier, ecclésiastique rentré dans la vie civile par la révolution et qui, se consacrant (sans se marier) à l'étude de la minéralogie, classa les minéraux de la bibliothèque nationale.

M. Lacoudray, armateur, avait une femme charmante qui avait, disait mon père, *une tête de mi-nistre*. Elle était pour lui un texte victorieux en faveur du gouvernement des femmes *qui savent tou-jours se choisir de bons ministres*, tandis que beau-coup de monarques n'ont pour conseillers que de belles maîtresses. Mlle Lacoudray, sa fille unique, avait deux frères. Cette famille charmante était pour moi la liaison la plus agréable. Je préférais une soirée passée près d'elle à tous les plaisirs pos-sibles. Iphigénie avait une éducation plus qu'or-dinaire et m'était supérieure sur tous points. Mon père la louait sans cesse, mais souvent il préférait mes naïvetés à la rhétorique de mon amie qui avait deux ou trois ans de plus que moi.

M. Laurent, naturaliste au Jardin des Plantes, savant distingué mais fort original. Il me savait un gré infini de l'appeler M. Laurent, parce que géné-ralement on se permettait de le nommer *le père Laurent :* cela l'irritait. Professeur distingué au Jardin des Plantes, les malins écoliers écrivaient sur les murs des corridors : *classe du père Laurent.* Jadis *médecin distingué*, il eut le malheur d'occa-sionner la mort d'un client par un remède *mal administré :* il renonça *à la médecine* quoiqu'il y eût acquis une grande réputation. Il se voua avec passion à l'histoire naturelle ; il devint l'homme *des bois*, faisant la chasse aux insectes dans le sim-ple appareil de dame nature et s'en revenant (re-prenant ses habits déposés sous un arbre) portant sur lui en trophées les mouches et les papillons pris à ses filets. Traversant ainsi les villages, les enfans en troupe couraient après lui, disant : Ah ! ah ! c'est le père Laurent ! c'est le père Laurent !... Ce cri qui importunait ses oreilles, c'était encore le châtiment d'un crime involontaire ; car à travers cette bizarrerie, cet oubli des convenances sociales, qui le montrait presque nu comme un sauvage, on voyait la douleur ! la douleur ! maladie de l'ame ! combien de temps encore t'appellera-t-on folie !

Les MM. Babille ; l'aîné, mon parrain, était un magistrat distingué, avocat, chevalier de la légion d'honneur, et membre du tribunal de cassation.

M. son frère était un ancien chanoine.

M. son cousin était le fils de M. Babille, membre de l'ancien parlement de Paris qui acheta pour son fils unique une charge de maître-d'hôtel du roi Louis XVI, charge que la révolution de 93 lui fit perdre et qu'il retrouva à la restauration. Alors il était ruiné et fut obligé de louer un habit pour se placer sur le passage de M. le comte d'Artois qui, le reconnaissant, lui dit : *Monsieur Babille, je suis bien aise de vous revoir, vous êtes de nouveau maître d'hôtel du roi.* Le fils de ce M. Babille fut adopté par mon parrain qui le fit élever au Bourg-la-Reine chez M. Auboin, maître de pension ; il était à peu près de l'âge de Mlle H...; il figure dans mes mémoires à l'époque de mon veuvage ; à l'âge de neuf à dix ans il fit une maladie de quelques jours ; on le fit venir à Châtenay où je faisais l'éducation de Pauline ; des bains lui furent ordonnés. M'étant arrêtée un moment dans la salle où la baignoire était préparée, je le vis qui pleurait et je restais pour le consoler... la bonne me dit plus tard qu'Alfred avait pleuré de la crainte de se baigner devant une fille.

Mon père avait ses motifs pour craindre l'esprit accapareur de son frère aîné. Il lui déclara *qu'il avait un fils en Amérique* et me fit promettre de lui répéter que j'y *avais un frère.* Il me disait : Alexandre est fanfaron, indélicat ; sa femme est perfide. Tu sais de quelle manière ils m'ont trompé ; l'une était ma promise et l'autre le dépositaire de notre mutuel engagement (ils se sont mariés). J'ai répondu à cette horrible indélicatesse en espiègle, comme Arlequin, qui dit la vérité en riant : c'est l'arme de la comédie, *ma grosse franchise a déjoué bien des finesses* ; je l'ai toujours employée *même en politique.*

Ma belle-sœur est coquette ; elle sait que je la vois encore en amant ; elle n'est pas toujours cruelle, et quand elle veut mieux tromper son époux, *elle le met en sentinelle pour lui prouver sa vertu.*

J'aime mon frère malgré ses torts, je suis sensible au bien-être de ses enfans ; *l'aînée, Caroline, aurait* dû être ma fille : elle fut confiée à son oncle Richard, à Philadelphie ; j'étais alors consul à Boston ; ayant appris de ton oncle *Maximilien* qu'on l'employait à des *soins serviles*, j'offris de la prendre chez moi : je fus refusé. On me soupçonna d'en vouloir faire ma maîtresse, j'en étais incapable; cependant je ne les blâmais pas d'en avoir l'appréhension. Je n'ai jamais blessé la décence devant les enfans et les jeunes personnes; mais on ne fait souvent qu'un mauvais rêve dans la vie!

Quand je revins des États-Unis par l'Espagne, je passai à Bordeaux où ton oncle était receveur des droits de navigation (douanes). J'avais alors de gros bagages en raison des comptes de mon exercice à Boston, de mes livres anglais, des objets de physique et d'histoire naturelle que je rapportais. Une malle en bois de cèdre contenait mes papiers ministériels (malle dont j'ai fait faire mon secrétaire imperméable aux vers). Mon frère me fit beaucoup d'accueil, mon visa flattait sa vanité; il m'invita à dîner en famille. J'acceptai et M. *l'ex-consul* voulut régaler à son tour à l'auberge. Quand ton oncle, sa femme et ses filles y arrivèrent, on les conduisit dans un salon, vis-à-vis d'une table somptueusement servie et dont on leur remit la carte acquittée dans une lettre qui contenait seize louis pour mes quatre nièces et un adieu fort tendre qui leur rappelait que je ne pouvais faire des *adieux de vive voix*. Je me permets, ma chère fille, de ces espiègleries qui ne font de tort à personne. Je suis le plus jeune de mes frères, j'ai été utile à tous deux. Mais rappelle-toi qu'il faut crain_ dre l'aîné, et dans le cas où Maximilien reviendrait d'Amérique, n'étant pas heureux, traite-le comme s'il était moi-même, remets-lui les billets qu'il m'a faits ; car s'il est jamais riche, tu le seras aussi.

Quant à ma belle-sœur, femme d'Alexandre, elle est si orgueilleuse et si menteuse qu'il ne faut faire aucun fonds sur ce qu'elle te dira des espérances de fortune qu'elle attend d'un grand aïeul dont elle te montrera le testament scellé d'armoiries daté des Grandes-Indes. Ce testament a un cachet qui pend par une longue soie. Autant vaudrait pour elle le cordon pénal du grand seigneur.

Ma belle-sœur a la manie de se dire plus noble que le roi d'Angleterre Georges IV, parce que son nom est Richard (c'est celui du roi normand, héros de l'opéra de Grétry). Son père fit de mauvaises affaires; il se réfugia de Londres en France ; devenu veuf, il épousa sa servante et en eut des enfans. Ta tante a là une parenté *dont elle ignore*. Son père mourut, et cette succession lui promet une grande fortune quand elle sera liquidée. Elle se dit propriétaire d'une hypothèque sur l'orangerie des Tuileries.

A la mort de notre tante Lejeune, elle s'est ergotée comme une poule dont on attaque les poussins, parce que je compte pour deux têtes dans le partage de cette succession, ayant prêté dix mille francs à ton oncle Maximilien qui m'a cédé ses droits d'héritier (1). C'est assez pour être en procès toute notre vie avec cette famille que tu dois craindre comme une ennemie masquée sous les dehors d'une fée. ....

Mon cher frère aurait voulu être accoudé pour se créer des ancêtres et aller de pair avec sa *noble épouse* : je les fais enrager, leur prouvant mathématiquement que nous sortons de bons cultivateurs d'Athis. C'est un laurier auquel nous pouvons peut-être ajouter la lyre de Mozard, notre nom ne différant dans l'orthographe que par la lettre finale *qui est une similitude en allemand.*

Ton oncle vient de marier sa fille aînée à M. de Montcheuil, fils d'un ancien conseiller au parlement de Bordeaux ; les prétentions exagérées de sa famille se sont augmentées considérablement depuis cette alliance.

Sa seconde fille a épousé M. Homassel, fils de celui qui a ruiné ton oncle Maximilien en lui faisant banqueroute.

Les deux plus jeunes sont à marier.

Pendant cette conversation avec mon père, mon rôle et le sien furent ceux de l'alouette et ses petits, fable de *La Fontaine.* In petto, je me disais : *Un cœur blessé par un amour méconnu ne pardonne jamais. Mon bon père exagère.*

(1) Ce compte est réglé chez M. *Saulty, avoué.*

J'arrive à l'accident du bras cassé de mon père. Ce malheur lui arriva au café des Mille-Colonnes. Il me fit prendre une vacance ; je quittai pendant un mois ma pension pour venir près de lui faire les écritures du triste procès intenté à M. Laitue, riche propriétaire du Palais-Royal, qui le poussa *méchamment* et lui fit rouler l'escalier, se refusant à descendre avec mon père s'expliquer au jardin sur un grief d'impolitesse dont ce monsieur s'était rendu coupable, en venant s'asseoir à la même table que celle où il était et en y accostant librement une dame à qui il payait un rafraîchissement.

L'opération du chirurgien (il se nommait Girard) fut heureuse, mais augmenta la gêne où était mon père pour payer les honoraires de ce monsieur. Quand mon père fut guéri, il fit un billet à échéance, qu'il proposa de renouveler quand le terme fut arrivé. M. Girard fut inexorable, exigeant le paiement. J'étais ce matin-là chez mon père, et pour être à mon aise il m'avait fait endosser une de ses grandes redingotes. Je m'étais furtivement glissée hors du salon quand la domestique annonça M. Girard. Mon père, qui soupçonnait que je n'avais pas vu avec indifférence pendant quarante jours un jeune homme aimable qui m'avait fait des complimens sur ma taille et ma physionomie, voulut pour ma guérison que je fusse témoin de la rigueur qu'il mettait à se faire payer. Mon père connaissait le cœur humain ; mais ce fut une grande mystification que de lui obéir et de montrer ma tournure de seize ans si grotesquement travestie. Le jeune Esculape dut nous trouver tous deux fort originaux.

Les deux dernières années du séjour de mon père à Paris furent bien difficiles. Aux époques des termes de ma pension, qu'il était quelquefois forcé d'ajourner, mon sommeil était celui d'une enfant qui s'endort lassée d'avoir pleuré. Je vendis mes colliers de perles, d'or et de jais, qui avaient orné ma poitrine et celle de mon petit frère pour payer des bien-venues et des bouquets de fêtes, dépenses indispensables pour n'être pas l'objet de remarques humiliantes. Je fis don à mon père de la montre de ma mère et de la chaîne en or qu'il y avait ajoutée dans des jours plus heureux pour un terme de son loyer.

Sentant qu'il fallait cesser de lui coûter une pension, je désirais devenir sous-maîtresse dans la maison d'éducation où j'étais élevée; mais madame Chevremont s'y refusa. Elle aurait eu de la jalousie que ses anciennes élèves restassent après elle. Elle écrivit à mon père que je refusais un emploi dans la maison qu'elle ne dirigerait plus, lui annonçant qu'elle se retirerait à Saint-Germain. Elle paralysa ainsi le désir ardent que j'avais de me faire un état auprès de mes compagnes, dont j'étais aimée et qui m'aimaient en retour. Mon père me fit des reproches, qu'il fallut endurer, quoique ne les méritant pas.

Madame H*** conseilla de me mettre chez une lingère; mon père la choisit rue Favart, au coin du boulevard des Italiens. J'y entrai, mais comme pensionnaire à raison de six cents francs, sous la condition expresse que je ne sortirais jamais ni seule, ni accompagnée pour les affaires de la maison, pension coûteuse, qui m'humiliait sans utilité. Je me sentais déchue du cercle où jusqu'alors j'avais été placée. Je rougissais d'être l'objet des hommages que m'adressaient des jeunes gens aux regards curieux, braqués sur moi à travers les montres où s'étalent les riches tissus de mousseline et de dentelle, qui viennent vous débiter des fadeurs sous le prétexte d'acheter un jabot ou des chemises de batiste.

Mon père avait décidé son départ pour l'Italie; mon entrée dans une maison de lingerie n'était que provisoire; il pensait à m'appeler à le rejoindre à la résidence du consulat dont on le flattait.

M. Jay, instituteur des fils de M. F***, que mon père avait retrouvé à Paris, l'ayant connu à Boston par les articles remarquables qu'il écrivait dans les papiers publics, et à qui comme fonctionnaire français il avait pu rendre de légers services, se montra empressé à me présenter à sa femme et à sa charmante petite fille. Cette dame me reçut à dîner chez elle presque chaque dimanche et consentit à la prière d'un père à veiller sur moi et à me prendre momentanément pour surveiller de concert avec elle l'éducation de sa Caroline. Les familles Lacoudray, Crevon, Wante et Bordenave prirent également l'engagement d'une tutelle offi- cieuse.

J'ai omis de parler du désir qui me fut inspiré par plusieurs dames, amies de mon père, d'être re- çue à une loge de franc-maçonnerie. Qu'est-ce que c'est que la franc-maçonnerie, mon cher papa? et pourquoi résistes-tu à la sollicitation des personnes qui désirent m'initier ? — Ma fille, je regarde ce pacte de société comme un lien de fraternité pour venir au secours les uns des autres et alléger par des souscriptions les embarras de nos concitoyens ; mais l'association des femmes est un enfantillage que je crois inutile et peut-être nuisible, car il y a une épreuve à supporter ; je la craindrais pour toi. — Une épreuve, mon cher papa, quelle a été celle que tu as subie? Je me suis vu dans un lieu obscur où des gens masqués m'ont saigné des deux bras jusqu'à ce que me trouvant mal je leur dis: c'est assez, messieurs. — Papa, mais cela est affreux! — On faisait semblant de me saigner, ma fille, faisant couler de l'eau tiède sur les veines de mes deux bras. — Et le secret, cher papa, qu'est-il? — On ne dit jamais un secret, ma fille, ou l'on s'en tire comme ce jeune Romain qui répondit à sa mère curieuse de connaître la délibération du sénat (interdite à la connaissance des dames): *On a mis en délibération si dans le besoin que la république a de citoyens on per-*

mettrait la pluralité des femmes aux Romains ou si l'on donnerait plusieurs maris à une seule femme.

Pour effectuer son passage en Italie, mon père eut un passeport de M. de Talleyrand, prince de Bénévent, sur lequel étaient relatés les services rendus à la France pendant son consulat de Boston et les droits qu'il avait à une protection éminente, pour être replacé dans les mêmes fonctions. Connaissant l'état de gêne de mon père, il lui donna un secours de douze cents francs pour ses frais de route. Le cœur sensible de mon père apprécia ce service; sa fille est l'écho qui le proclame.

Mon père avait une levrette charmante nommée Miss. Ne pouvant l'emmener en Italie, il la donna à M. Bresson, chef de la comptabilité aux relations extérieures. Cette charmante chienne mériterait que je racontasse des traits d'attachement et d'esprit qui la rendaient très remarquable outre sa gentille fourrure et sa taille mignonne. Mon père l'aimait beaucoup et l'aurait emmenée, s'il n'avait su que dans les pays chauds les chiens perdent le sens exquis *du nez* qui vaut le cœur chez l'homme. J'étais trop jeune pour apprécier la valeur qu'on doit mettre au dévouement d'un animal. Ce n'est que la maturité qui nous apprend que le cœur froissé par l'égoïsme de ses semblables n'a souvent que l'animal domestique pour ami. Je donnai à mon père un sujet de chagrin et de reproche. De Naples il m'écrivait de lui donner des nouvelles de sa Miss. Je n'osai pas en parler à M. Bresson, chez lequel je fis une visite, plus occupée de lui rappeler mon père que de lui parler de l'aimable bête qu'il avait acceptée. J'étais timide, craignant pour mon père le ridicule attaché au sentiment qu'on a pour un animal. Je savais qu'il la nommait dans son testament qu'il m'avait lu. Il lui léguait (à l'imitation d'un certain Anglais) des poulets et des côtelettes à manger à discrétion. Cette clause bizarre et la pauvreté où j'étais à la mort de mon père m'empêcha de faire homologuer cet acte suprême qui était en dépôt chez M. Tissandier, notaire rue Montmartre. Il y faisait aussi un legs de six à huit cents francs à la jeune gouvernante nommé Nancy, qui l'avait servi fidèlement à Boston, quand il y était consul et qui avait eu chez lui un enfant mâle.... Il me serait bien doux de satisfaire au vœu d'un père ainsi que de payer M. Barbet, restaurateur cloître St-Benoit, qui lui avait fourni du vin pendant son accident de bras cassé, remettant ce paiement à son retour en France. Je ne puis savoir ce qu'il est devenu...

Les demoiselles du magasin de lingerie où j'étais pensionnaire se nommaient Frillon, Arson, Caria et Portevin. Cette dernière était ma préférée. Elle avait un aimable frère, premier clerc d'un huissier. Mme veuve d'Alègre, lingère, avait aussi beaucoup d'égards pour moi; elle pensait à se remarier avec un très jeune avocat (dont j'ai oublié le nom).

Mon père dina chez elle pour ce grand événement avant son départ. J'ai oublié aussi le nom de plusieurs habitués de cette maison de commerce, qui m'honoraient de leur distinction. Dans un bel appartement au premier sur le derrière logeait une dame Roussel avec laquelle je fis amitié. Mon amie de pension Mlle Taleyrac m'écrivait régulièrement. Mlle Emilie Lahogue, professeur de piano, venait presque tous les jours me voir. La bonne de mon père venait me chercher tous les dimanches et me conduisait à l'église *des Filles Saint-Thomas* et me ramenait au magasin ; souvent elle me conduisait diner chez Mme Jay ou chez Mme Bordenave.

Je ne savais pas au juste l'époque du départ de mon père pour l'Italie ; mais un mercredi, venant comme d'habitude passer quelques heures de son après-midi au magasin, il s'arrache tout à coup de mes bras en fondant en larmes et je reste étouffée par les miennes, en me rasseyant au comptoir et en reprenant ma place auprès de Mlle Portevin....

Ce chapitre termine l'adolescence qui aurait dû avoir pour épigraphe ce vers de Chamfort qui peint le sentiment exquis qui mettait sans cesse en rapport avec moi le cher auteur de mes jours.

« Je permets à tes yeux de lire au cœur d'un père. »

Ma jeunesse, préparée aux épreuves des mauvais jours, vit s'éloigner encore son unique appui.

Ainsi qu'un oiseau sur la branche (c'était son expression favorite), il prit son vol vers l'Italie, il y mourut. C'est après une maladie qui semblait devoir être mortelle, que j'ai écrit ces mémoires sous l'inspiration d'une vision fiévreuse qui sembla me mettre en rapport avec l'ame de mon père. Prière faite à Rome, as-tu rendu un père à sa fille pour la soutenir dans une lutte où la religion devait la faire triompher par l'éducation chrétienne que tu choisis pour elle!

VIII

LE

ROMAN VÉRITABLE,

ou

JOURNAL DES ANNÉES 1806 JUSQU'EN 1812,

ADRESSÉ A MADAME H....

Si je peins ici les malheurs
Où bien souvent l'amour nous jette,
Je n'en veux pas au Dieu des cœurs.
BERQUIN.

MADAME,

C'est chez vous que je suis allée chercher conseil pour me garantir d'une séduction qui me trou-
blait. J'avais dix-sept ans, mon père venait de partir
pour Naples, afin d'y solliciter une place, peut-

être médiocre, mais qu'il exercerait plus volontiers loin de Paris, à cause de l'amour-propre qui
l'empêchait de déroger aux situations précédentes
de sa vie.

Vous rappellerai-je la scène touchante qui eut
lieu entre vous et lui, quelques jours avant son départ? Il alla vous trouver à Châtenay, chancelant
sur ses deux jambes, comme un homme ivre ; il se
mit à vos pieds, des larmes de piété paternelle glis-
saient le long de ses deux joues; il vous priait de
me protéger. « Je crois m'être aperçu, vous dit-il,
que son jeune cœur a parlé; questionnez ma fille,
prenez pitié d'elle, soyez son guide. Je lui ai dit
tout ce qu'ont pu me fournir mes observations et
mon expérience, pour la préserver des séductions.
Je lui ai révélé l'histoire de sa mère. J'ai placé son
ombre comme un signal contre l'écueil. Je la connais, ma Laure, *j'adore ses principes* qui la rendent
scrupuleusement honnête. Mais ce n'est pas assez
pour calmer l'inquiétude mortelle de la laisser
seule à Paris, à l'âge où le cœur trouve tant de séductions! Pauvre petite! elle se flétrira par le chagrin, n'ayant plus l'appui de son père. Veuillez me
promettre de la consoler quelquefois. Allez la voir,
séchez ses larmes quand je serai loin de Paris. Je
crains de lui dire un adieu qui lui révélerait ma
douleur. Je ne sais ce que deviendra ma tête quand
je verrai le marche-pied de la diligence se reployer,
mettant ainsi un espace immense entre le séjour

qu'elle habite et celui où je m'exile. Prenez pitié
de sa jeune ame, appuyez-la sur un sein de femme,
donnez-lui le baiser que je dépose sur votre main,
madame, en adieu pour elle, en prière que je vous
adresse comme au meilleur cœur que je connaisse...»
Voilà la tutelle qu'il vous supplia d'accepter et que
vous n'avez pu refuser....

   J'étais pensionnaire depuis six mois chez madame d'Alègre, lingère, rue Favart. Vous vîntes
m'annoncer que mon père était parti; vous essuyâtes
mes yeux; vous me fîtes de tendres caresses, m'en-
gageant à compter sur votre amitié et votre protection. Quinze jours au plus se passèrent, que
déjà j'étais près de vous pour vous demander des
conseils.

   La faute où était tombée la première demoiselle
du magasin me causait un chagrin d'autant plus
grand, qu'elle me semblait compromettre la réputation de la maison où mon père m'avait mise. Un
danger me menaçait, c'était d'être exposée à des
entreprises audacieuses de la part d'un jeune homme
qui venait de me faire parvenir une déclaration d'a-
mour, écrite sur un charmant papier, dont les vi-
gnettes étaient ornées de fleurs et de symboles.
L'amie qui s'en était chargée la décacheta pour que
je la lusse. Cette lettre était de M. C**, commis,
chargé de la correspondance anglaise, chez M. Perregaux, banquier. Je vous avouai que je l'aimais
beaucoup. J'ajoutai : Il y a fatalité ou bonheur dans

la circonstance qui me le fait rencontrer dans la maison où je demeure. Madame Bordenave, mon amie, s'intéresse à lui; elle m'en a parlé chez madame Chevremont, lorsqu'elle y était pensionnaire, comme un ami de l'époux auquel elle s'engageait, employé, ainsi que lui, dans une maison de banque.

Vous jugeâtes prudent de m'éloigner de la maison de commerce où mes mœurs couraient des dangers. Vous eûtes la bonté de m'accompagner pour en retirer mes effets. Vous fîtes transporter chez vous un lit complet de jeune pensionnaire, un petit piano d'Erard, un chiffonnier en noyer, un couvert d'argent et la timbale. Mobilier resté chez vous, à l'exception du piano que je vendis trois louis, avec lesquels j'achetai de la musique et une guitare. Ma garderobe était exiguë; remontée, quant au linge, par celui qui était devenu inutile à mon père, ne tenant plus de ménage. A quelques robes d'indienne et de mousseline, la gêne où le mettaient les frais de son départ pour l'Italie lui avait fait ajouter deux robes teintes en noir, employant ainsi les rideaux de soie jaune de son appartement. La vente de ses meubles avait assuré d'avance ma pension chez madame d'Alègre, ainsi que mon entretien. Ce dernier article était réglé à raison de vingt-quatre francs. Douze francs que je recevais chez madame Lacoudray, pour le prix d'une bibliothèque en acajou qu'il lui avait cédée; douze autres de chez

M. Guy, pour solde d'un mémoire d'impression fait à Saint-Domingue.

Son fondé de pouvoir, M. Richard, était chargé du recouvrement de créances dont le total montait à plus de soixante mille francs ; avec du zèle, on pouvait espérer en réaliser au moins le tiers. MM. Jay, Wante et Lacoudray s'étaient engagés à me donner au besoin un asile momentané dans leurs familles. Deux de ces messieurs, MM. Guy et Wante, directeurs de l'Opéra, me donnaient un billet pour ce théâtre toutes les semaines, afin de me mettre à même de rendre quelques politesses. Mon absence les fâcha ; ils se refroidirent, ainsi que les personnes qui avaient promis de solliciter une place auprès de la reine de Naples, afin de me rapprocher de mon père.

L'époque où j'allai vous trouver à Châtenay (1) était peu distante de celle des vacances. Vous m'assurâtes qu'il vous était agréable de me garder chez vous pendant ce temps de repos, afin que je fisse travailler votre fille ; les amis de M. Babille, les vôtres, se firent un plaisir de m'inviter avec vous. Tous connaissaient son ancienne amitié avec mon père, tous prenaient intérêt à moi et auraient désiré me faciliter un établissement. Mon inclination me portait vers l'enseignement, et mon père,

(1) M. Babille, mon tuteur, avait acheté la maison de Châtenay en commun avec M. H*******.

auquel j'écrivis la raison qui m'avait fait quitter Paris, vous avait remercié de m'avoir prise chez vous.

Durant ce temps d'hospitalité, il traversait la France, m'écrivant en voyageur sentimental les anecdotes de sa vie aventureuse, distribuant aux diverses stations où il échangeait sa voiture les lettres de recommandation qu'il avait à remettre. M. Adet, préfet du Rhône, lui en donna d'autres pour Naples; l'accueil de M. Adet fut très obligeant. Il le quitta pour se diriger vers Gênes. Là, il tomba malade, ayant cueilli et mangé quelques petites huîtres qu'il avait trouvées au bord de la mer, sur des branches, et ouvertes comme un hommage de souvenir donné à Saint-Domingue où on les sert avec leur feuillage. Il en fut empoisonné (1) et la fièvre qui le dévora trouva son germe homicide dans sa pensée inquiète. *Le délire* abattit ses forces morales. Les tombes de sa femme et de son fils, couvertes par les cendres de la fortune laborieusement acquise à la colonie, s'élevèrent en brouillards assassins. Son estomac ne put fonctionner sous l'oppression des mânes augustes qui s'offrirent à son souvenir. Le passé, se reflétant à la lueur des flammes de l'incendie du Port-au-Prince, jetait son horreur sur l'incertitude de l'avenir.... Il dépensa quinze jours d'un temps précieux

(1) Il y a en effet des saisons où l'huître est dangereuse.

qui diminuèrent de quelques mille francs la bourse
modeste qui devait lui suffire jusqu'au moment
où il serait occupé fructueusement à Naples. Chose
incertaine, et qui, lui manquant, le livrait aux
horreurs du désespoir!.... Hélas! en 92, quand
les malheurs de la colonie le forcèrent à s'embarquer, il vogua vers la métropole, ayant son enfant
enlacée à son être! Il était jeune, plein d'avenir
pour lui et pour elle!... Maintenant (1806) il quitte
sa patrie, il y laisse une jeune fille, plante exoti-
que, privée de la serre protectrice; sans abri
contre les orages qui font périr l'orpheline.....
Pauvre père! ainsi s'écoulèrent en effet, au sein
de la tempête, les jours, les heures de ma triste
jeunesse; tandis que ta maturité, qui ne comptait
que quarante et quelques années, usée par le tropique, usée par une triple révolution et un travail
recommencé au milieu de la fièvre jaune et de la
guerre, livrait ta tombe à la solitude.

Pendant la durée des vacances de 1806, étant
sous votre protection et celle de M. Babille, lui et
vous m'avez présentée dans les maisons où vous
étiez invités. A Fontenay-aux-Roses, je fus accueillie par madame Lopès, mère des jeunes filles dont
je suis devenue plus tard l'institutrice. La famille
Bonnefond de Lavialle prenait aussi à moi beaucoup
d'intérêt. Monsieur Oudeyet, sous-préfet de
Sceaux, pensa à me faire épouser son secrétaire
qui préféra le célibat.

A la rentrée des vacances, madame de Saint-Cyr, directrice du pensionnat au Bourg-la-Reine, m'accepta pour faire faire les répétitions de piano et de chant. Ses égards, ceux de son mari, l'amitié des sous-maîtresses, la vive et joyeuse tendresse de mes élèves rendirent satisfaisans les deux hivers que je passai chez elle. Mes dix-huit ans y trouvèrent un appui honnête; j'y acquis de l'instruction, étant en rapport avec des personnes aimables et instruites qu'il m'est doux de rappeler dans mes souvenirs, *M. Mentelle*, auteur de la *Géographie*, vieillard galant et d'un esprit gai, époux d'une jeune femme dont il n'était pas le tyran. On pouvait lui appliquer ces vers du poète : *L'homme à sa dernière saison, par mille dons, peut plaire encore*. M. Dupuis, auteur de l'*Origine des cultes*, habitait une petite maison près de l'église et avait une nièce, jeune personne rose, blanche et naïve comme une des jolies têtes du peintre Boucher. Elle était fiancée au jeune fils de l'ancien directeur de l'imprimerie nationale (1); elle en fut séparée

---

(1) Le père du jeune homme se jeta par la fenêtre dans un accès de fièvre chaude. Mon père sollicita sa place; c'est alors qu'il eut de M. Barbé-Marbois cette lettre :

Paris, 22 pluviôse an x de la république.

Ministère du Trésor public.

LE MINISTRE DU TRÉSOR PUBLIC
au citoyen MOZARD.

Les rapports sous lesquels je vous ai connu à Saint-Domingue,

à la signature du contrat par les prétentions exagérées du prétendu. Cela fit grande rumeur. Eh
quoi! s'écriait-on, quand on a le malheur d'être
borgne, doit-on se montrer si intéressé? Ce jeune
homme avait eu l'œil brûlé par accident, dans son
enfance. Une des personnes les plus aimables de la
société de madame de Saint-Cyr était M. Gallois,
chef de l'institution des jeunes gens. Il venait
passer avec nous les heures de récréation du jeudi
et du dimanche. Nous dansions, il dansait, nous
chantions, il écoutait avec intérêt, puis à son tour
il nous récitait des tirades de vers tragiques, nous
faisait des bouts rimés, des bouquets, des comé-
dies. Je me serais trouvée très heureuse s'il m'avait

citoyen, sont avantageux; je me rappelle la *gazette* dont vous
étiez le rédacteur et l'imprimeur. Je rends justice au bon esprit
qui y présidait et qui était d'accord avec la conduite que vous
teniez. Je me rappelle aussi que, dans un pays où vous n'aviez
pas toutes les ressources nécessaires à la perfection des résultats de l'art typographique, vous y avez suppléé par un soin et
un talent personnel, qui ont rendu remarquables les produits de
vos presses, et j'en ai la preuve dans les comptes, états et tableaux dont je vous ai confié l'impression, et qui ne différaient
pas des exemplaires sortis de l'imprimerie du Louvre. Vous
m'annoncez avoir fait mieux, et je le crois sans peine, d'après ce
que je vous ai vu faire.

Je souhaite, citoyen, que ces témoignages soient utiles aux
démarches que vous faites; et je les répéterai volontiers si je suis
consulté.

Je vous salue,

BARBÉ-MARBOIS.

adressé ses vœux. Mais il lui fallait une femme plus riche que je ne l'étais pour faciliter une carrière où il ne pouvait prospérer sans une augmentation de fortune. J'étais coquette comme une fille naïve qui désire plaire pour se marier et avoir un protecteur; envieuse de trouver en lui plutôt les avantages de l'esprit que ceux de la figure. J'avais de la gaîté, mais une tenue qui repoussait le désir de me faire des propositions offensantes. Alors un vague plein de pensées d'amour et d'avenir me reportait souvent vers celui qui, le premier, s'était déclaré mon amant. Mesdames Roussel et Bordenave me parlaient souvent de M. C***. La première qui avait été la voie par laquelle sa déclaration m'était arrivée avait pour moi une amitié exaltée que ses chagrins domestiques rendaient d'autant plus vive. Elle reportait sur moi une portion de la tendress que la mort d'une fille rendait inactive. Veuve, riche, et sans enfans, elle s'était remariée à l'homme que se choisit son cœur, guidé par l'attrait des yeux. M. Roussel était un bel homme, qui calcula son indépendance en s'unissant avec elle. Ayant un commerce de vins en gros qu'il exerçait en commun avec son frère dans un domicile à part de son ménage, ne venant chez sa femme qu'aux heures des repas. Solitaire sans être abandonnée, jalouse avec motif, connaissant sa rivale qui était une actrice des *Variétés*,, nous parlions ensemble de ses chagrins.

Madame Bordenave plus favorisée qu'elle du côté du jugement et de l'esprit était pour moi un Mentor indulgent qui agissait auprès de celui qui avait dit m'aimer, avec la prudence d'un diplomate qui cherche à faire valoir les avantages de la personne placée sous son égide. Cette dernière fut pour moi la plus tendre amie. La jeunesse exposée à l'haleine saine ou pernicieuse de ses conseillers doit trouver dans la méfiance d'elle-même sa plus grande sûreté. J'étais vaine, inexpérimentée, mais j'avais un cœur droit et en horreur le vice; j'étais prudente parce que ma mère avait été trompée.

Mes inquiétudes sur le succès qu'aurait le voyage de mon père m'occupaient douloureusement, quoique ma grande jeunesse amenât de ces instans où le besoin de s'étourdir vous fait jouir innocemment du repos présent, éloignant tout calcul pour la vie du lendemain. Les lettres de mon père me faisaient partager ses espérances et ses craintes. Arrivé à Rome, il court à St-Pierre, y tombe à genoux d'admiration et de piété, n'y prie que pour sa fille, mais y prie avec délire et l'entier abandon de lui-même (1).

Ensuite c'est de Naples qu'il m'écrit toutes les désillusions qu'il y éprouve. Le uns sont sans vo-

(1) Prière fervente à laquelle je dois le développement des idées sympathiques qui réalisent pour mon cœur *l'âme d'un père* éclairant sa fille sur la vraie philosophie.

lonté, les autres sans puissance. Quelle position !
Cependant après un mois d'une incertitude dévo-
rante, il est admis près du ministre de la guerre
M. Mathieu-Dumas. Sa majesté Joseph, frère de
Napoléon, était roi de Naples. Mon père fut reçu
par le ministre avec une affabilité pleine du sentiment des chagrins et de l'injustice de la fortune
qui nous fait neutraliser nos facultés pour les fixer
sur un travail au-dessous de celui dont nous sommes
capables. Il lui donna une clé de sa bibliothèque,
le priant de s'y occuper d'un travail particulier à
son personnel. Quelques jours après, il le colloqua
dans ses bureaux pour y attendre une occasion favorable de solliciter un consulat ou un vice-consu-
lat. Il l'invita à sa *conversation*, mais l'exiguité de
la garderobe de mon père l'empêcha de profiter de
sa politesse. Cette négligence de son habillement
avait quelque chose d'évangélique.

J'avais obtenu qu'il s'achetât un *habit noir* avant
de quitter Paris; depuis qu'il était à Naples il n'a-
vait rien ajouté à ce vêtement. Il m'écrivait: *Je*
passe les dimanches à me raccommoder.. Tu sais bien,
ma chère Laure, cet habit noir, il est en guenilles;
ne voulant pas faire de dettes, il faut que j'attende
que M. Richard termine quelques affaires et en par-
tage le produit entre toi et moi afin que je m'habille,
ce qui me permettra d'aller rendre visite à des per-
sonnes qui me seraient utiles, si je les fréquentais.
Mon père était sobre, mangeant très peu, déjeu-
nant avec du thé, et cependant accablé d'étourdis-

semens dont ses ennemis profitaient pour le noircir du vice d'ivrognerie. Vous le savez, madame, l'âme seule en contact avec l'égoïsme général ôtait l'équilibre à son corps.

Il recherchait le commerce des femmes honnêtes, avec qui il aimait à converser, galant comme un Français du dix-septième siècle. Tous ses camarades connaissaient et recherchaient son esprit instruit et supérieur aux petites idées des fausses convenances sociales. Tous l'aimaient et malgré le peu de frais qu'il faisait en habits, ils se sont toujours honorés d'être dans sa compagnie. Il ne consentait qu'à regret à diriger avec eux ses promenades vers les ruines ; je suis *anti-antiquaire*, car la campagne de Naples est si belle ! j'aime mieux lire Pline et voir le Vésuve (1) ! disait-il.

(1) Où va l'âme, selon la philosophie, est-elle contenue dans l'écrit du savant ? A-t-elle un emploi physique dans l'atmosphère ? Il serait peut-être bon d'interroger celle de Pline l'ancien en méditant sur sa mort arrivée lors de l'éruption qui ensevelit Pompéia ! Dans la solitude de mon ménage je cherche à m'expliquer les phénomènes qui me présentent des contrastes. Pourquoi un peu d'eau dans une fournaise en augmente-t-elle l'activité : c'est parce que l'eau devient air, souffle enfin ! Alors les monts glacés qui couronnent l'Italie sont donc l'entretien de ses volcans, abîmes épuratifs vers lesquels se dirigent toutes les immondices. Un long repos du mont Hécla (Islande) perdrait peut-être la Hollande n'attirant plus les sels qui alimentent ce foyer. Je me demande encore s'il n'est pas miraculeux de dérouler les manuscrits de Portici, et si le papyrus n'est pas un fossile de l'amiante, chanvre linceul, qui se blanchissait au feu, car le cerveau des anciens est dans les ruines !

Dans la lettre qui me faisait part des préliminaires de succès obtenu près de M. Mathieu-Dumas, auquel il dut peu de temps après la position satisfaisante qui promettait davantage par la suite, sa gaîté s'épancha charmante sous sa plume spirituelle et rendit l'espoir à mon cœur de jeune fille; tranquille sur les jours de mon père, je me livrai au bien-être de ma vie chez madame de Saint-Cyr. J'y étais aimée et flattée. Je ne comprends rien à la réputation que m'avaient faite quelques talens ébauchés. Les troubles révolutionnaires qui avaient eu pour conséquence une grande négligence dans l'éducation générale faisaient juger de moi d'après le plus grand nombre : mon père, juste appréciateur du style, m'écrivit qu'il s'étonnait que je misse si mal l'orthographe. Ce reproche me fit mettre de l'attention dans ma correspondance et la lettre renfermant un éloge suivit immédiatement celle qui contenait un blâme. J'étudiai ma langue par principes et je repris les élémens de mon éducation. Pour enseigner, il faut bien savoir; je ne me permis plus d'indifférence pour la carrière à laquelle j'étais appelée.

Vous tombâtes malade, l'hiver qui suivit mon entrée chez madame de Saint-Cyr; vos jours furent en danger. M. Baudelocque qui vous sauva vous rendit à l'amour de vos amis et amies. Je dis *amour*, parce que votre beauté vous fit inspirer de grandes passions, et l'ascendant que vous savez prendre

sur les femmes vous les attache avec une sorte
d'entraînement qui ressemble à un culte. C'est ce
dernier sentiment que vous m'avez inspiré. Les fai-
blesses que j'aurais blâmées dans toute autre me
semblaient excusables chez vous. *Vous voyant parfaite*, j'éloignais toute observation qui aurait altéré
ma religion de reconnaissance. Ainsi les païens
adoraient leurs divinités selon l'emploi qu'elles
avaient dans la nature, ne demandant pas à Nep-
tune des foudres, à Vénus de riches moissons. La
vertu de gratitude apprécie le bienfait sans exiger
au-delà des moyens connus.

Votre maladie vous fixait au lit, et votre cœur
maternel augmentait le danger de votre état par
l'inquiétude. Votre fils allait tirer à la conscription;
il fallait ou le voir partir comme soldat, ou le ra-
cheter. Vous implorâtes un emprunt auquel on ne
voulut pas souscrire sans l'autorisation de votre
époux, qui, voyant la carrière militaire illustrée
dans sa famille par le général de division, son cousin, ne voulut pas d'un autre état pour son fils.
Vous le plaçâtes à l'école militaire de Fontainebleau, et vous cherchâtes à retrouver une partie des
frais que vous occasionnait la profession que vous
lui donniez, en retirant votre fille de pension et en l'é-
levant près de vous. Ses infirmités se caractéri-
saient d'une façon déplorable pour sa taille. Privée
aussi de l'usage de ses jambes, ce double malheur
lui présageait l'avenir d'un être étiolé qui avait

besoin d'un entourage tutélaire. Vous décidâtes, par prudence autant que par économie, de lui faire donner une éducation privée. J'avais peu d'années de plus qu'elle, mais on me reconnaissait de la raison et quelqu'instruction. Vous arrêtâtes qu'aux vacances suivantes je reviendrais près de vous en qualité de fille aînée, élever votre cadette. Je quittai le Bourg-la-Reine avec regret; pour m'y retenir, madame de Saint-Cyr m'offrit des honoraires. Votre peu de fortune vous forçait à ne me donner que la table et le logement; quant à l'habillement, je restais à la charge de mon père. En prenant sur la caisse des recouvremens, je rendais impossible l'envoi de secours pour lui et l'espoir d'un trousseau pour moi en cas de mariage. Votre indifférence pour la religion catholique m'inspira de la tiédeur et me fit perdre l'habitude d'en accomplir les actes. Je mis l'esprit de conduite à la place des principes religieux.

Me voilà chargée de l'éducation de Pauline; votre appartement à Paris ne pouvait me loger; je reste avec elle l'hiver à Châtenay, sans distraction ni vacances, prenant soin du linge de votre maison, dirigeant l'office et le couvert. Les frais de cette éducation se bornent, pour vous, à l'asile que vous me donnez, auquel furent ajoutés six francs chaque semaine pour une leçon de piano du professeur Levasseur, leçon à laquelle j'assiste pour la rendre profitable. Plus tard, M. Pio, maître de langue ita-

lienne, fut appelé, et je profitai de ses leçons, qui
eussent été aussi coûteuses si je n'avais pas été ad-
mise à partager cette étude, toujours l'aiguille
en main, près d'une énorme corbeille remplie
de linge à raccommoder. Dans mes loisirs, un
livre élémentaire sous les yeux, m'exerçant rarement au piano, acquérant seulement l'art de bien
faire étudier mon élève. Je perdis, dans cette vie
positive, cette poésie de l'âme que je tenais de mon
père : je me permis de lui écrire, influencée par
vos observations sur lui : *Si tu fais des pièces de
théâtre, je ne fais pas ici de roman* (1). Les critiques que
vous faisiez de l'exaltation de sa plume et de son
caractère impressionnable et journalier amenèrent
l'irréligion filiale. Ne me répétiez-vous pas qu'il bâ-
tissait ses espérances de fortune sur les *brouillards
de la Seine?* Cette manière de comprendre la rentrée
de créances difficiles aurait dû, ce me semble, vous
exciter à donner un autre emploi à mon temps, et à
ne pas considérer comme une hospitalité héroïque
le séjour que j'ai fait chez vous, me taxant plus
tard d'ingratitude, énumérant les sacrifices que vous
avez faits pour moi!!....

Votre fils fut atteint des fièvres : c'était l'époque
de la translation de l'école de Fontainebleau à Saint-

(1) Ce tendre père avait fait une tragédie en vers qu'il comptait faire représenter a Naples, ainsi qu'une comédie (traduite de
Kotzebue) et un Manuel du jeune Chimiste. Manuscrits perdus
pour sa fille !

Cyr. On donna aux élèves l'ordre de se rendre chez leurs parens. Charles et ses camarades, qui venaient le voir, mirent du mouvement et de la gaîté dans notre intérieur, surtout le dimanche où j'allais danser à Sceaux. Les jours de la semaine votre fils s'occupait près de nous, dans le cabinet d'études, cherchant à se fortifier dans la langue française, étude négligée généralement au collége.

Sachant que je conservais de l'inclination pour M. C**, mes amis cherchèrent à consolider ou à détruire cette inclination. M. Bordenave eut la mission de chercher à s'assurer de ses véritables intentions. Je ne l'avais pas revu depuis ma sortie de Paris, et jamais il ne m'avait exprimé qu'une fois, et par une lettre, l'amour qu'il disait avoir pour moi. Vous le fîtes inviter à venir s'expliquer dans un dîner que vous lui offrîtes. J'eus la mystification de revoir encore une fois, mais pour la dernière, cet élégant cavalier, caracolant sur un beau cheval; d'entendre cet accent anglais mêlé au français le plus pur, et de comprendre sans équivoque que ma personne, avec une dot, serait acceptable et lui ferait faire le sacrifice de plusieurs liaisons agréables, ayant, à l'appui de la vérité de cet aveu, nombre de billets de femmes à brûler en holocauste. Je fus convaincue et désillusionnée. Madame Gautier vous proposa un parti pour moi; c'était, s'il vous en souvient, M. Cherrier, joaillier. Il demandait, ne m'ayant pas encore vue, *dix mille francs* de

dot. On écrivit à mon père : il répondit qu'il s'é-
tonnait qu'un homme veuf, ayant un enfant, mar-
chandât sa Laure, *jeune, bien faite, bien portante, qu'il
regardait comme son plus bel ouvrage, comme un cadeau
fait à sa patrie.* Cela parut original! Il ajoutait que
le papa beau-père offrait en dot de *certaines rentrées*
dont les époques venaient d'être signées chez son
fondé de pouvoir, des habitations à Saint-Domingue, etc., que c'était plus du double de la somme
exigée. Vous vous moquâtes de lui, vous dépréciâtes
ma figure, ma santé, mes qualités, etc., etc. Madame Gautier et le prétendant ne se refroidirent
pas; ce dernier demanda à me connaître, disant que
l'obligation d'une dot n'avait été mise en avant que
par une façon d'agir ordinaire, mais que l'inclination ne calculerait pas; il était empressé de me faire
sa cour.

Chaque dimanche il vint à Châtenay, il me
trouva désirable, surtout par mon éducation; ma
docilité n'apporta aucun obstacle à l'union qu'il
pressait de tous ses vœux. Mon mariage paraissait
certain; *je devais achever l'éducation de Pauline
dans mon nouveau ménage.*

La santé de votre fils était rétablie. On rappelait
les élèves à l'école de Saint-Cyr. Votre fils doit
partir à neuf heures du matin; à huit heures, il
monte chez sa sœur pour nous dire adieu et il
m'engage à descendre avec lui près de sa mère qui
l'attend au jardin. J'accepte et je fais quelques

tours d'allées avec vous et lui. Ensuite d'une voix émue, il me dit adieu, me priant de le laisser seul avec sa mère. Peu de temps après, la voiture l'emmenait reprendre l'uniforme des élèves.

Vous m'appelez, je vous trouve en larmes et je veux vous consoler. M'attirant sur votre sein, vous me dites que Charles vous a fait l'aveu de son amour pour moi ! — Veux-tu t'engager à mon fils, il est décidé à t'épouser aussitôt qu'il sera lieutenant ? ou veux-tu le refuser et flétrir son premier amour, exposer ses mœurs et le faire renoncer à me donner une fille selon mon cœur ?

Je me confesse ici : je fus surprise mais charmée. Eh quoi! Charles m'aime ! J'ose à peine croire un tel bonheur! Moi je l'aime aussi, et je vous assure, ma bonne mère, qu'il y a longtemps !... Mais je n'aurais osé examiner mon cœur dans la crainte de le trouver coupable d'ingratitude et de présomption ; mon peu de fortune, la mission d'élever votre fille, le bouclier sacré de l'asile trouvé sous votre toit ont éloigné toute pensée qui m'aurait égarée. J'ai eu à combattre le regret, la jalousie, quand mes amies se montraient à lui parées de charmes et de toilette ! Je questionnais ses yeux ; l'opinion qu'il avait de leur beauté ! Une nuit il me fut impossible de trouver le sommeil ; je pleurai de n'être pas aimée, Suzette devait l'être ; hier elle était si jolie, si gaie ! Cependant réprimant l'égoïsme qui me faisait regretter qu'une autre profitât de ce qui ne pouvait jamais être à moi, j'embellissais de mes éloges l'idole à laquelle il semblait se vouer ! Mais non ; je soupçonne que le culte de la veille n'est qu'éphémère ; il a de l'humeur, des boutades, aussi des galanteries d'écolier, de jeune homme qui parait aimer et ne vous fâcher que pour demander pardon et vous prendre un baiser qui fait rougir la joue sur laquelle il s'imprime. Je me rappelle que la fièvre reprit ses accès le jour de mon entrevue avec M. C***. Il quitta brusquement la table au premier service, se retira au jardin dans une allée sombre où je vais le trouver par votre ordre. Sans répondre aux questions que je lui fais sur sa santé il me dit d'une voix altérée par le frisson : *Retournez, mademoiselle, auprès de celui que vous aimez ; il vous mérite, car il est très bel homme.*

Heureuse de la vérité du sentiment que j'exprime vous me dites d'écrire à Charles, que j'accepte les vœux dont vous avez été l'interprète. Alors j'écris : que je suis trop heureuse de prendre l'engagement d'être à lui, que je l'aime. Et lui rappelant nos jours d'études et nos leçons d'orthographe : notre maître sera donc autre que le savant Anquetil ? plus tendre et moins correct celui qui conduira notre plume nous laissera épancher nos expressions avec naturel et passion ! Mon image sera l'étoile qui vous suivra sous votre tente, sous vos drapeaux ! Ma pensée brûlante se fixera sur vous, vous la mé-

diterez ; ainsi nos émotions se confondront quoiqu'absens. Ce sera l'aiguillon qui vous fera surmonter les difficultés d'algèbre et de mathématiques,
pour avoir à la prochaine promotion le droit de
porter une épaulette : *oui*. c'est dimanche prochain
que le parloir de Saint-Cyr sera témoin de l'é-
change d'un anneau, doux prélude de fiançailles !
N'êtes-vous pas bien jeune de vos vingt ans ? ne
suis-je pas avec les miens un peu trop votre aînée ?

Comment est-il possible, madame, que m'ayant
ainsi parée d'amour, m'ayant conduite à l'amant
en triomple, mon père n'ait pas appris par vous
que le sort de sa fille était fixé ? Aucun indice ne
m'a fait savoir que vous aviez consolé de cet espoir son cœur inquiet. Il eût été courageux dans
l'exil ; il eût cessé de me déclarer orpheline de
mère.... Ses yeux éloquens eussent traversé les
cieux pour vous montrer ses larmes de reconnaissance. Après trente ans ! lassé par d'innombrables
chagrins, mon cœur révèle le passé ; il se ranime,
se trouble, l'amour éploré sort des décombres, se
relève, son ironie bientôt abat mon ame me faisant
compter ses blessures à travers d'autres, moins
anciennes mais plus mortelles et plus stupides !....
Faut-il donc continuer à rappeler des jours d'espoir quand on porte des deuils ?... Parler de fiançailles, quand la vie trempée de larmes se flétrit,
frappée par l'éclair qui brûle, dispersant des cen-

dres! cette vie jadis fraîche et suave? Oublier le présent, rappeler le passé !..

Dans les lettres que j'écrivais à Charles, je cherchais des chances d'avenir. Plusieurs créances réalisées entre les mains de M. Richard pouvaient trouver un emploi par l'achat d'un bureau de loterie. « Mon jeune ami, cette dot incomplète peut s'augmenter par le travail ; le courage est grand pour t'assurer des invalides ; car, enfin, tu peux revenir de l'armée blessé, comme le général Bellaveine, honoré d'une croix et d'une jambe de bois!»

L'hiver arrive, je vais à Paris, apprendre à faire des clôtures dans la famille Huet, dont le jeune fils était l'ami et l'émule du vôtre. L'éducation de Pauline s'alliait à cette étude. Le général, votre cousin, m'offrit l'éducation de ses deux jeunes enfans à faire près de sa femme à sa terre de Bierre en Bourgogne. Vous le refusâtes déclarant qu'il vous était impossible de vous priver de moi.

Mon père prévoit une révolution à Naples ; le roi Joseph, frère de l'empereur Napoléon, devenait roi d'Espagne, quittant le royaume de Naples dont Murat prenait les rênes. Il prie qu'on lui envoie l'argent qui doit être entre les mains de son fondé de pouvoir. Alors M. Babille met opposition comme créancier d'une somme plus forte que celle qu'on a réalisée. On l'écrit à mon père, l'indignation lui fait s'écrier :

Il est bien étonnant que ton parrain prétende se payer

*autrement que par la liquidation des sommes que me doit
le gouvernement pour les impressions faites à Saint-Domingue. Cette affaire se règle en ce moment, et ce remboursement n'a qu'à être suivi pour s'effectuer promptement. Tous mes titres sont en règle, et néanmoins M. Richard m'écrit qu'il manque un certificat de non-émigration,
demande absurde, puisque je ne pouvais être émigré, étant
consul à Boston, nommé par la république française.
Tous les comptes de cet exercice sont aux relations extérieures. Allez trouver MM. Bresson et d'Hermann; ils
certifieront que j'étais commissaire au nom de l'état, et
non transfuge! Si Babille empêche qu'il me soit envoyé
de l'argent, les révolutions nous font marcher ici sur un
volcan, et s'il faut que je sois obligé de revenir en France
à pied, à mon âge, ce sera pour moi une longue agonie.*

. . . .

Je me jetai aux pieds de mon parrain, demandant qu'il voulût bien différer de se rembourser de
l'argent qui lui était dû... — Tu auras la bonté d'attendre encore ton paiement. Grâce pour mon pauvre père, pour sa fille, qui mourra de douleur si tu
lui refuses ce service... Il me releva, me disant avec
tendresse : Chère enfant, ce remboursement était
pour t'en faire un cadeau et t'aider dans l'établissement que tu désires. Il leva l'opposition, l'argent
fut envoyé à mon pauvre père qui, en retour, me
donna sa bénédiction et y joignit celle que son père
lui avait écrite dans sa vieillesse.

. M. Babille savait l'engagement qui liait votre fils avec moi; il vit avec plaisir que je m'unissais à votre famille qu'il avait adoptée. Sans cette certitude, il aurait donné de la suite à des propositions de mariage qu'on lui avait faites, qui n'auraient eu besoin que d'être protégées de son nom et de l'amitié qu'il avait pour une filleule qui était aussi sa pupille.

Votre époux s'étonna de la promptitude que vous aviez eue à lier son fils sans le consulter. Il vous querella, vous appelant imprudente et romanesque. — J'aime Laure, je verrais moins d'obstacles à la nommer ma bru si j'étais riche, mais je n'ai pas de fortune à donner à mon fils : l'Empereur veut que ses officiers brillent dans le rang qu'ils occupent à l'armée. Mon cousin peut en faire son aide-de-camp, se l'attacher d'une façon plus intime....., il a des filles..... Tu arrêtes ainsi la carrière de Charles; marié avec Laure, il ne pourra jamais vivre près d'elle; il faudra donc qu'elle coure les campagnes à sa suite? —

Ce sont ces querelles, sans doute, qui détruisirent vos convictions en ma faveur, et vous traçâtes dès-lors le plan habile de me faire détruire, par moi-même, l'édifice d'hyménée élevé par votre imprudence. Je vous devins à charge; mes inquiétudes sur mon père, sur mon établissement devinrent des inégalités d'humeur dont je vous fatiguais. L'envoi de l'argent fait à mon père anéantissait l'espoir de

l'achat d'un bureau de loterie; il fallait que je pen-
sasse à trouver une occupation qui vous aidât dans
la dépense de ma nourriture, et qui assurât mon
entretien.

On organisait les droits-réunis en Hollande.
Votre mari, employé à la ville, obtint d'y être envoyé avec des appointemens supérieurs à ceux qu'il
avait à Paris. Il part et vous retournez à Châtenay,
me laissant, chez madame Huet, finir un trimes-
tre.

Tout-à-coup, la nouvelle du renvoi de tous les
Français des bureaux de la guerre arrive de Naples.
Une lettre désolante de mon père m'apprend ce
malheur, me faisant la recommandation de mettre
tout en œuvre pour lui faire rendre sa place. Je
vous écris, vous suppliant de vouloir bien protéger
de votre présence les sollicitations que je suis
obligée de faire. Vous me refusez, madame, non en
plaignant mes inquiétudes, mais en me reprochant
ma famille qui vous fatigue, vous nuit, et de laquelle vous êtes lasse.

J'avais une vieille parente, cousine très éloignée,
à laquelle je m'adressai, et qui prit pitié de ma
douleur et de ma timidité. Madame veuve Grilliet
était rentière et venait de prendre un engagement
de société avec le professeur du conservatoire,
M. Nicodami; elle consentit à m'accompagner chez
M. d'Hermann, chef de division aux relations extérieures. L'angoisse de mon inquiétude filiale

s'exprime par des sanglots. Ma jeunesse et les égards que commande l'infortune dans le même rang que l'on occupe font que M. d'Hermann m'accueille avec bonté et m'engage à voir le consul nommé et sur le point de partir pour Naples. Ce magistrat et sa digne épouse me comblent de bontés en m'assurant du zèle qu'ils mettront à faire réintégrer mon père dans la place qui le fait vivre, s'étonnant que lui et moi n'ayons pas même une modique pension du gouvernement.

Mon père, en effet, secondé par ces honorables personnages, rentre dans les bureaux de la guerre où M. de Salicetti venait de remplacer M. Mathieu-Dumas.

Charles était encore à Saint-Cyr. Son amour le fait profiter d'une revue de l'empereur à Paris qui y appelle les élèves de l'école ; il s'échappe des rangs, accourt chez madame Huet, me demande un baiser et sans répondre aux instances de la famille chez laquelle j'étais, il refuse de se reposer et de prendre un rafraîchissement malgré son extrême fatigue. Son regard attaché sur moi, nos mains qui s'enlacent divulguent notre secret....

Cette étourderie d'amour qui pouvait faire mettre aux arrêts votre fils, les raisons qu'il pouvait avoir en vous priant de ménager sa *bonne amie*, si sensible et si douce, la résolution qu'il déclarait avoir prise de m'épouser dès qu'il serait lieutenant et de me faire l'accompagner partout, pour suivre sa fortune, ayant reconnu la difficulté qu'une belle-mère et une bru vécussent en bon accord; ces discours éveillèrent chez vous une irritation nerveuse qui vous décida à cesser de protéger une union où vous ne voyiez nul avantage financier. En mère adroite c'est lentement que vous creusez l'abîme où je dois seule me perdre sans attirer sur vous les récriminations de votre fils.

Mais le voilà sorti de l'école. Il est à Châtenay, vous m'y avez rappelée ne pouvant rester chargée de l'éducation et de la garde de Pauline, aimant le monde et les voyages. Charles est sous-lieutenant, il a trois jours pour s'habiller, et il doit ensuite se rendre au dépôt de Calais et attendre d'y être mis en activité. Ce n'est plus dans le parloir de Saint-Cyr qu'il pressera son amie sur son cœur. Nul témoin ne gênera l'expression de son amour. Éperdu il est dans vos bras, il s'en arrache pour voler dans ma chambre. C'est le moment où seuls et l'un à l'autre, l'émotion n'a plus de voix! baiser, sens inconnu, jusqu'au toucher électrique d'un aimant qui jamais ne s'efface, tu n'es pas le remords, mais l'inquiétude d'une sensation nouvelle et d'une plénitude d'amour qui, sans ôter l'innocence, remplace la sécurité!

Nous allons à Paris: je fais seule avec Charles une visite à ma cousine Grilliet à laquelle je présente mon fiancé. Ma parure avantageait ma taille dont mon amant se disait idolâtre. J'avais une redingote de casimir bleu-barbot, un fichu à la *Médicis*, ouvert quoique décent, un chapeau de velours épinglé rose, en forme de casque, laissant voir mes cheveux noirs, bouclés en masses de chaque côté et montrant un front ouvert, déclarant à tous que j'étais sa promise. Oh! que j'étais heureuse; que ces jeunes épaulettes auxquelles la sentinelle présentait les armes me donnaient d'orgueil! qu'il me paraissait beau, que d'avenir, que d'amour près de lui!... Étais-je donc tranquille quand il était si dangereux, si pressant!... Vous me quittez demain, mon Charles, je n'ose, ni ne peux m'opposer à vos transports, je ne puis commander aux miens.... Cependant je veux rester forte à vos yeux... Comprenez le chagrin que j'aurais si je vous ôtais la conviction d'estime que vous me devez, conséquence d'une faute qui me ferait perdre l'attitude victorieuse que donne la sagesse à l'épouse que vous devez attendre!... Cet empire que je pris sur lui fut cause de la soumission et de la retenue qu'il mit dans sa conduite. Une rêverie d'amour nous suivit au milieu d'un grand dîner où vos amis sont invités. Nous étions tout entiers l'un à l'autre, incapables d'accomplir aucun acte de politesse. On vous blâmait de nous exposer à une telle épreuve dans l'incertitude d'un avenir qui présageait devoir être si éloigné. Comment une mère permet-elle une telle intimité à des jeunes gens si épris? Mais grâce à la pudeur d'un premier et saint amour, la volupté du triomphe sur les sens est bien supérieure au triste et rapide bonheur, qui est pour la femme honte et chagrin, pour l'homme une vaine conquête et s'il est délicat un grand remords !

Le lendemain de ce jour rapide mais au long souvenir, il était sur la route qui conduit à Calais !

Madame P** loue un petit appartement chez Nicole, aubergiste à Châtenay; quelques jeunes gens de la connaissance de son mari s'y logent aussi. Ils font connaissance avec vous à un diner fait en pique-nique dans les bois de Verrières où vous allez me laissant avec Pauline qui ne peut marcher. Ces messieurs vous paraissent aimables. M. de S** a vingt-cinq ans, jouit d'une belle fortune et est avocat; M. Coste, un peu plus jeune, n'est pas riche, il a peut-être une figure plus régulière, et cependant son ami est plus agréable, ayant des manières plus distinguées et plus polies. Vous les invitez à se joindre à madame P** et à ses deux petites filles et à nous accompagner dans les promenades de l'après-diner. M. de S** est venu se rétablir d'une indisposition, et cet état le rend intéressant. M. Coste se déclare votre chevalier, marche à vos côtés, tandis que M. de S** reste près de madame P**, près de laquelle je me tiens, protégeant la marche enfantine de ses jeunes enfans. La conversation faite en commun nous rapproche les uns des autres ou nous éloigne sans calcul.

Cependant vous rendez seule le matin les visites

qu'on vous fait dans l'après-dîner. Vous me dites que par suite de l'éloge qu'on avait fait de moi à ces messieurs, l'effet n'avait pas répondu à son attente, que la première impression ne m'avait pas été favorable, que j'avais été trouvée laide. Mais bientôt la nouvelle société, s'autorisant d'avoir été injuste, redouble pour moi d'égards et de galanterie. Leur intérêt devient plus vif, quand M. de S** et madame P** s'aperçoivent que votre conduite vis-à-vis de moi est équivoque. Ils connaissent bientôt par vous-même que mon peu de fortune peut porter obstacle à mon mariage avec votre fils, que vous regrettez l'engagement que vous lui avez fait prendre; vous êtes mécontente d'un commerce épistolaire, sceau d'hyménée; ils deviennent l'écho où vous jetez le doute que le résultat réponde aux promesses. Votre mari vous fait des reproches incessans; vous n'êtes indiscrète sur mes liens que pour me faire prévenir de la probabilité d'une rupture de ban. Leur commisération pour une jeune personne qui leur paraît intéressante leur fait me dire: « Nous gémissons, ma chère Laure, quand nous vous voyons si confiante, et nommant *votre bonne mère* celle qui ce matin nous a dit: *Mon fils ne l'épousera jamais. Je la regarde comme une pierre d'attente pour arrêter la fougue de l'âge de mon fils; je saurai rompre une liaison qui m'est préjudiciable.* » Ces rapports refroidissent la confiance avec laquelle je me livrais à vous, et je perds la sécurité avec laquelle je vivais dans votre famille; je deviens chagrine, humoriste, ne pouvant me taire sur votre trahison avec ceux qui me plaignent ni vous accuser près d'un fils. Des révélations confidentielles me contraignent à un silence cruel.

Vous arrangez une promenade à Versailles avec madame P**, ses enfans, messieurs de S** et Coste; nous partons après déjeuner, et à midi nous sommes à visiter le parc. Il fait chaud, on se repose au Tapis-Vert; nos chapeaux nous gênent, nous les ôtons; vous êtes gaie, libre comme une femme peut l'être à l'âge que vous aviez alors, en compagnie de personnes qui savent entendre d'innocentes plaisanteries. Vous dites qu'il serait agréable de dormir sur l'herbe; M. Coste vous offre sa poitrine pour oreiller; vous acceptez et, vous y appuyant, vous fermez les yeux; M. de S** m'offre le même appui, ne pouvant voir, dit-il, sans jalousie, l'heureux Coste seul favorisé par deux belles dames; car madame P** a suivi votre exemple.

Le ridicule d'être taxée de pruderie; l'autorisation que vous donnez en disant : *On est au mieux ainsi*, me fait sourire; rougissant de mettre de l'importance à une action sans conséquence, j'appuie légèrement ma tête quelques secondes sur l'épaule de M. de S**. Le battement de son sein qui impressionne mes tempes me fait me retirer aussitôt d'une position qui pourrait être une fatigue où une faveur.

Vous restez, madame, pendant toute cette journée de promenade naturelle et folâtre. Mais quand nous sommes de retour chez vous, votre dialogue avec moi devient serré, froid, convulsif. Vous me dites de venir vous parler le lendemain à votre lever. Alors vous éclatez : vos exclamations sont de la douleur : *Votre fils est trahi, son amour est méprisé : je suis coquette, je suis fausse!* Ne tardez pas un moment, mademoiselle, à rompre des liens dont vous êtes indigne; écrivez à Charles, rendez-lui sa parole; qu'il redevienne libre, ou jamais je ne veux m'intéresser à vous ni à lui..... — Il faut écrire à Charles! qu'ai-je donc fait? lui écrire, grand Dieu! sans que rien n'atténue le blâme que vous faites planer sur moi? rompre des liens que vous avez serrés? me vouer au regret et à l'abandon? Pauvre Charles, il ne peut se passer de sa mère, il peut se passer de son amie!..... — Votre fils est libre.... Je vous remets alors le *petit portrait attaché sur moi, ressemblance de Charles, écolier à Juilly, doux au cœur d'une fiancée, y méditant un avenir de mère. Je brûle devant vous toutes ses lettres.* Je profite de l'exaltation qui m'anime pour rendre le sacrifice irrévocable. La poste reçoit la signature de l'arrêt qui m'isole, racontant la circonstance qui donne lieu aux soupçons qui rompent nos sermens : *Brûlez mes lettres; Charles, soyez libre.*

Mais l'acier qui me blesse est resté dans la plaie; ma fièvre a l'apparence du calme; j'avais depuis longtemps si peu de conviction dans la foi jurée.... Par instans je suis moins malheureuse, car vous êtes redevenue tendre avec moi, paraissant oublier le projet de mon mariage comme un roman qu'on a achevé de lire...

Chacun vous demande : qu'y a-t-il donc entre Charles et Laure? rien, dites-vous; vous exaltez la puérilité d'un engagement d'amour qui resta dans les bornes de la décence. Ensuite, vous rétablissant avec adresse dans l'esprit de votre mari, vous lui apprenez *qu'aucun lien n'entravera plus la destinée de son fils. Tu sais, mon ami, que Laure est susceptible, exigeante en style, et en fait de règles grammaticales; elle et son correspondant se sont brouillés pour une faute d'orthographe.* Vous répétez dans votre société cet heureux tour donné à la fin d'une illusion de jeunesse.....

Mais je suis redevenue faible, sans force pour lire la réponse de Charles que vous me remettez... les pleurs amers que je répands mouillent le cachet sans l'approcher de mes lèvres.... Jadis, c'était ainsi que la lettre s'ouvrait.

..... Il me rend ma parole, me demande une dernière faveur, c'est de ne pas parler de lui avec ce rival si aimable.... *Il se nomme encore mon meilleur ami.*

Mais avec vous son dépit se venge en dépeignant

la révolution qui s'est opérée dans son cœur. *Il se fait mettre aux arrêts pour rester dans sa chambre. La surprise et la douleur font qu'il y marche en insensé, il y use une paire de bottes.... il se reproche* amèrement de ne m'avoir pas arraché le droit de lui être parjure. . . . .

.... Soixante heures après il vous écrit : *Je suis heureux de mon indépendance, je sens que j'aurais été dupe de rester engagé à une seule femme, quand le monde offre un essaim de beautés qu'on peut adorer tour à tour !!!*

Il faut narrer des années tristes où j'ai deux existences ; l'une idéale et d'espoir, l'autre positive et pleine de réelles incertitudes !...

Eh quoi !.. quand la jeunesse a disparu, avec elle les avantages dont elle vous pare ; quand d'incroyables circonstances ont amené des chagrins plus amers dont la coupe déborde de toutes parts, ne pouvant ni se remplir de nouveau, ni évaporer leur cruelle plénitude, puis-je rappeler un passé sur lequel souffle encore l'orage ?

Monsieur de S** reçoit de moi une lettre qui lui apprend la rupture dont il est le prétexte ; je suis diffuse et je le prie de paraître ignorer la raison qui me fera me retirer lorsqu'il fera des visites chez madame H....

Mais il s'étonne d'une pareille histoire, il ne me fit jamais d'aveu, n'en reçut jamais de moi ; comment serait-il la cause de la rupture de mes engagemens?... Il me plaignit, voyant qu'on abusait de ma crédulité.

Les visites de madame P.** et de sa compagnie continuèrent; votre société s'augmenta des demoiselles Terrier, Sommeillier, etc.

Je rompis tous rapports avec les personnes près desquelles quelques entretiens agréables étaient devenus la cause d'une rupture aussi douloureuse.

Ces mémoires étant la conséquence de chagrins continuels, permettez-moi quelques pensées intimes et sympathiques.

L'esprit comme le cœur ont leurs rapports électriques. L'un a l'étincelle, l'autre la foi.

Le premier, brillant, se choque, s'anime, s'éteint pour briller de nouveau, amuse et ne blesse personne.

L'autre ne peut se mesurer avec une individualité sans s'unir ou se blesser. Les rapports intimes doivent donc s'établir avec une grande prudence. Il est facile de me juger sans expérience et sans calcul, et vous, madame, vous avez prouvé qu'il vous manquait les principes moraux d'une mère et véritable amie.

Je devins passionnée pour Charles aussitôt que je ne vis plus en lui un écolier, et sa rigueur me fit comprendre tout l'empire qu'il avait pris sur moi. La vérité est que M. de S** était aimable, riche et spirituel; *mais du moment qu'on* *aime, on ne choisit plus.* Charles avait mon cœur ; j'estimais en lui ce naturel un peu rude, causé par son peu d'expérience et sa franchise ; mais sa grande jeunesse m'effrayait et me faisait craindre d'attirer sur lui le mécontentement d'une mère pour laquelle j'étais un instrument à briser aussitôt qu'il lui serait inutile. J'avais ce sentiment d'irritabilité pour l'injustice dont vous payiez mon dévouement et la conviction que l'absence de mon père et mon peu de fortune rendaient votre volonté l'arbitre de mon sort, et que mon amant, partageant ma disgrâce, n'aurait plus qu'un avenir troublé.

Ma douleur est si vraie que vous semblez en prendre pitié. — Pauvre Laure ! tu m'arraches des larmes ; ta physionomie voile d'horribles chagrins ; eh bien ! essaie un raccommodement : va trouver Charles, il ne pourra se défendre contre une telle preuve d'amour ! Aussi rapide que l'air, je suis à Paris, croyant y prendre la diligence de Calais.... mais une pensée vers mon père m'arrête et me fait aller trouver madame Bordenave dans le sein de laquelle je me jette en pleurant. — Cyprienne, un combat affreux trouble ma raison : je te fais arbitre, guide-moi ; par ton conseil je veux m'arrêter ou suivre la route qui doit me rendre mon amant.

Sévère, elle m'ordonne d'aller attendre près de vous ma destinée dont vous reprenez les rênes par l'avis imprudent que vous m'avez donné.

L'amie généreuse à qui je dois d'avoir résisté à cette grande tentation était malade depuis long-temps ; elle se meurt et m'appelle pour avoir ses adieux. Ah! quand la vie nous quitte, combien nous trouvons rassurant l'aveu des fautes que nous avons commises ; prenant mes deux mains dans les siennes : « Ma chère Laure, me dit-elle, reçois ma confession comme un dernier acte de mon amitié pour toi ; je te donne le conseil de ne jamais t'exposer à une intimité avec l'homme vers lequel tu te sentiras du penchant, quand cet homme a un lien quelconque ; ni d'admettre dans ton ménage une femme, quelle que soit la confiance qu'*elle t'inspire*. Mon père, M. Bartouille, est médecin estimé, il réside à Bayonne, lieu de ma naissance, ainsi que de celle de Bordenave et de sa première femme qui était mon amie d'enfance pour laquelle il eut une inclination violente et avec qui il se maria. Il vint avec elle à Paris, ayant obtenu une place honorable dans la maison du banquier Perregaux. Elle fut atteinte d'une maladie de poitrine, étant mère de trois enfans. Ne les pouvant surveiller, étant aussi souffrante, elle m'écrivit que je vinsse passer l'hiver près d'elle. Je l'aimais sincèrement, je désirais voir Paris et j'en obtins l'autorisation de mon père, qui me fit une pension de mille francs afin que je ne fusse pas à la charge du ménage dans lequel j'allais entrer. La maladie de mon amie prit un caractère alarmant ; sa beauté sembla s'augmenter de la langueur qui rend plus frappante la régularité des traits du visage. On voudrait être ainsi quand on se pare pour séduire. J'offrais un contraste frappant avec elle. — Je suis laide, ma chère Laure, c'est un défaut dont j'ai presque vanité à convenir; mon miroir m'en donna le conseil pour éviter que d'autres ne me le reprochassent. Cette naïveté faisait qu'on en convenait avec moi, me consolant en m'assurant que je plaisais avec ma figure, et qu'elle m'exempterait de mille atteintes venimeuses de la part des femmes qui fondent sur leur beauté tous les succès qu'elles ont dans le monde. On s'habitue facilement à sa propre laideur, de même que ceux avec lesquels on vit finissent par ne plus y songer pour ne s'occuper que de nos qualités sociales; insensible au peu d'effet qu'on produit en entrant dans un cercle, on cherche à fixer l'intérêt par un autre moyen; le désir de plaire, absent de coquetterie, réussit toujours. Bordenave me savait un gré infini de mes soins pour sa femme, pour sa maison; s'étourdissant sur le danger où était la vie de celle qu'il adorait, il devint volage pour ne pas compromettre un rétablissement prompt et complet. Je commençai à craindre pour mon amie que la légèreté de son époux ne devînt une habitude fatale au bonheur du ménage; puis ensuite je m'aperçus que je m'alarmais dans l'intérêt de ma propre jalousie; car, insensiblement, l'idée qu'il serait veuf, chargé d'enfans, que je lui deviendrais une nécessité, me fit découvrir un désir passionné de succéder à mon amie. Cette pensée, cachée au fond du cœur, se dévoile et se fixe dès-lors dans ma vie comme une chose inévitable. L'amour s'insinue dans mes veines, un amour tel que Phèdre l'exprime :

C'est Vénus tout entière à sa proie attachée.

Troublée, repentante, dévouée d'autant plus à celle qui se meurt, je l'arrosais de larmes de regrets, de compassion, et l'étreignant de mes caresses, j'aurais pu lui donner ma vie plutôt que d'arracher de mon cœur l'affreux combat qui s'y livrait, dans la jalousie que je ressentais pour les femmes à qui Bordenave offrait ses hommages. *Une fois....* l'oppression étouffe le son de voix de ma Cyprienne, *je surprends en moi le désir que mon amie cesse de souffrir !* .... Ah! ma Laure, effrayée de moi-même, que je me vis hideuse!... j'aurais voulu m'anéantir ! Quel est donc l'esprit qui passe quelquefois sur un être agissant et lui glisse un frisson qui tue toutes les actions généreuses qu'il a faites dans sa vie ?..... ma Laure, tu me crois incapable de m'être arrêtée sur cette pensée plus que le souffle de l'haleine qui effleure la lèvre... Cette pensée, cependant, porte son *échafaud....* Je devins sa femme.... je meurs avant trente ans !...

Ah! ma chère Cyprienne, tu mourus et avec toi je perdis la conviction d'être aimée par une autre

femme. Ange tutélaire au saint scrupule, qui veil-
las à l'absence du remords dans mon ame; amie
vraie, première tombe arrosée de mes larmes;
quelle nouvelle angoisse me donnes-tu par le souvenir de la douceur de ton commerce, et par
l'expérience de l'égoïsme des autres amies qui
semblaient jadis tes rivales?

Vous portâtes vos consolations à M. Bordenave,
ce confident, cet ami de ma jeunesse qui ne faisait
qu'un avec celle que je regrette. Le voilà de nouveau seul avec trois enfans, ses charges ne s'étant
pas augmentées par son second hymen.

Vous lui offrez de prendre chez vous ses deux
petites filles, n'exigeant qu'une modique pension.
Il accepte avec reconnaissance et les amène à Châtenay; alors vous concevez le projet d'utiliser les
produits de votre maison de campagne, en prenant
de jeunes pensionnaires qui donneront à Pauline
des compagnes, et à moi la possibilité d'être à la
tête d'une maison d'éducation.

Le charmant talent de votre fille sur le piano,
son instruction et ses principes encouragent la confiance. L'épouse du général H*** amène sa fille
aînée; madame Séror ses trois enfans; M. As-
truc, ses deux filles; mesdemoiselles Pitois et
Champel, leurs filles, etc. Vous engagez madame
Roussel à se mettre pensionnaire chez vous pendant
l'année de son divorce. Nous voilà avec neuf élèves.
Une seule domestique suffit à votre maison; tout

ce qui regarde les jeunes pensionnaires est à ma charge. Mère, institutrice et bonne, si ma santé se flétrit vous en donnez pour cause les lubies d'un caractère inégal; si la nécessité d'imposer à mes élèves par de la gravité me fait masquer ainsi les ennuis inséparables de leçons de lecture, de piano, et qui brident mon imagination, mon ame et la vivacité de la jeunesse dans ses ébats de récréations nécessaires, vous me tournez en ridicule, me reprenant en présence de votre société en ces termes : *Ne pince donc pas les lèvres; ne salue pas de côté; ne fais pas l'importante, etc.....*

La pension que vous paient les parens suffit aux frais de nourriture, mais elle ne peut m'aider dans mon entretien; je désire copier de la musique et je m'adresse à M. Nicodami pour qu'il essaie à me procurer de l'ouvrage parmi ses nombreuses connaissances. Il me répond : *Cela ne vaut plus rien, mademoiselle.* Je fus assez mécontente de sa froideur qui détruisait mon espérance.

M. de la Marnière et M. Wante, voisins de campagne, cherchent à m'attirer dans leur famille, s'intéressent à moi et me font obtenir la pension des réfugiées créoles. Si je ne profite pas de l'intimité d'une société charmante de jeunes personnes, mes compatriotes, c'est que je ne peux dérober une heure à mes nombreuses occupations.

Charles obtient un congé et vient passer quelques jours à Paris. Il quitte le dépôt de Calais pour celui de Coblentz. Pendant le peu de temps qu'il reste à Châtenay, je revois à son doigt l'anneau que j'y passai.... Il paraît approuver le pensionnat qui présage un état pour moi; sérieux mais attendri, je sens qu'il m'aime encore. Il annonce ses vingt-un ans et dit qu'il est son maître....

Une sympathie nous rapproche sans cesse; le mouvement de ses paupières essuie les larmes qui sillonnent mes joues.... puis, folâtrant avec mes jeunes élèves, un hasard lui fait sans cesse toucher ma main.... Pure coquetterie de sa part; de la mienne, ce n'est qu'humilité.

La veille du jour où il doit quitter Châtenay, vous êtes oppressée, quelque chose vous préoccupe; vos yeux chagrins cherchent les miens. Ma douleur n'est pas bruyante, mais ma pâleur déchire l'âme. Vous m'offrez une explication avec Charles, et me dites de venir dans votre chambre après le coucher des enfans.

J'interroge le soleil qui baisse; j'interroge les émotions qui murmurent, s'excitant, s'irritant dans leurs perplexités. Me sera-t-il possible de me rétablir dans le cœur de Charles sans soulever de nouveau l'ambition de son père; sa mère n'est-elle faible que pour atténuer la douleur d'une séparation qui peut être longue?... De Coblentz, où ira son fils?... A l'armée en activité.... Si la mort le frappait.... quel regret aurait-elle? Je suis assise dans ma chambre, prête à m'acheminer vers le lieu du rendez-vous; mais c'est seule avec Charles qu'il faudrait m'expliquer.... J'irai quand sa mère sera couchée, j'irai dans sa chambre.

,...... Puis-je ne pas m'excuser? Puis-je, sans accuser la vérité, prendre une position dans son cœur? Puis-je me taire, enfin? Non. Je dirai : c'est elle qui est perfide, parce qu'elle est jalouse...... Ne te souviens-tu pas, ami, que tu fus disgracié étant enfant, pour lui avoir préféré ton père? C'est ton amante qui dois te laver de ce crime; ta mère brise mon cœur.... le soupçon d'un regard, d'un soupir qui crie vers toi m'attire sa malédiction !... Je me suis levée, j'écoute si, sans éveiller personne, je pourrai franchir le pallier, descendre l'escalier, traverser la cour.... M. Détourbet occupe la chambre voisine; c'est un gardien qu'on a mis là.... Je me rassieds.... De nouveau je me lève, mais j'ai peur, de la honte... de l'ombre de ma mère. Nul mouvement ne m'agite plus. C'est une torpeur qui me fixe, et son délire tantôt me fait sentir l'émotion déchirante de me sentir pressée dans ses bras; tantôt c'est le supplice de tomber sans voix aux pieds d'un juge inexorable. Le matin me retrouve habillée, prête encore à franchir la distance de mon pallier à votre appartement.

La voiture que vous attendiez est arrivée; vous conduisez à Paris votre fille qui accompagne son frère pour profiter des jours où il restera dans sa famille. Il faut aller prendre vos ordres, il faut vous dire adieu.

Marchant en avant, vous protégez les pas difficiles de Pauline; toutes deux vous descendez.; Charles est resté en arrière, nous sommes l'un devant l'autre, nos mains s'enlacent, semblent se confondre; l'une des siennes se détache pour essuyer mes paupières humides et appesanties!.... Ne soyez donc pas si malheureuse!... Mais il est déjà loin, vous l'avez appelé et le bruit de la voiture s'évanouit...

Quand il vous écrit de Coblentz, chaque lettre est une tentation; l'indiscrétion est devenue un crime dont je crains le conseil; mais j'y succombe lorsque vous laissez une lettre ouverte; presque toutes deviennent ma proie... Dans l'une, il répond au sujet d'Adélaïde, votre jeune parente à laquelle je jalouse quelques galanteries qu'il lui fit jadis: « *Ah! le sentiment que j'ai eu pour Laure ne peut se comparer à cette passade... Le croirais-tu, bonne mère, son souvenir enveloppe encore toutes mes émotions? Apercevant hier soir une jeune personne à laquelle je crus voir quelque ressemblance avec elle, mes yeux attendris, fixés sur cette image, lui juraient un amour éternel.* » Il ajoutait : « Je »vais peu dans le monde, je travaille beaucoup, »j'apprends l'allemand. Tiens-moi au courant *de* »*tout ce qu'on fait*; que devient ce rival si aima-»ble?.... »

Après six mois passés à Coblentz, il est incorporé dans l'armée qui se rend en Espagne. Il revoit l'Océan : son cœur jette un cri... Un souvenir l'a traversé; n'est-ce pas l'affreux éclair qui, à Calais, lui révéla un malheur?... Une larme tombe... c'est la dernière!

Mais en Espagne, la guerre y est affreuse ; les maladies, la peste moissonnent autant que Mars. Grand Dieu! que devient Charles? C'est alors que nos cœurs se confondent ; vos pleurs mouillent mes yeux, nos bouches révèlent nos inquiétudes. La lettre que vous recevez m'est aussitôt lue ; elle console, mais une éternité a déjà passé sur ce moment qui sèche une douleur pour en aiguillonner une autre plus poignante! Enfin vous me dites : écris-lui ; parle, toi-même, de cet amour si vrai, que je ne puis accentuer comme toi.

« Vous qui avez pris le titre de mon meilleur » ami, qui êtes le seul, en vérité, je vous rappelle » un amour que vous allumâtes et que je tairais si » j'avais été coupable. La sainteté des engagemens, » la puérilité qui les rompit, me fait revenir sur un » arrêt que je n'ai reçu que comme un moyen de » vous cautionner par une constance fondée sur une » épreuve longue et maligne, qui, sans m'ôter la » force de vous rester fidèle, flétrit ma vie, et me » consume. Je vous demande un mot consolant » pour un sentiment qui ne peut se taire par l'in- » quiétude où me tiennent vos dangers...»

Cette lettre reste sans réponse, elle est reçue pourtant, car il vous en accuse la lecture.

Mon père est mort, vous lui apprenez le malheur qui me frappe... il vous écrit :

« Resteras-tu donc encore chargée d'une tutelle si fâcheuse?.. Tu sens que le séjour de Laure dans ma famille serait gênant. »

L'armée d'Espagne rentre en France pour se rendre en Allemagne. Charles est de nouveau parmi nous. Cette fois, amaigri, contraint, froid, il cause, assiste aux leçons des élèves, prend part à nos récréations, semble chercher à répondre verbalement à la lettre que j'écrivis; mais vous me dites qu'il le fera en nous promenant dans le parterre...

Je ne puis trouver un seul instant d'isolement, toujours environnée de mes jeunes élèves; elles s'enlacent à moi comme des lianes; Charles retourne à Paris; de là il doit m'écrire.

Mais c'est vous qui tracez ce peu de mots que je reçois après avoir fait plus de vingt fois la route de Châtenay à la poste d'Antony où chaque arbre de cette longue avenue pourrait rendre témoignage des cruelles agitations d'un cœur froissé, palpitant et plaintif....

Il est inutile de conserver le moindre espoir... Charles ne t'aime plus.

Eh quoi! vous dont j'écoutai les soupirs, car vous aimâtes, vous aimez peut-être encore, j'avais vos révélations.... Vous pouvez rompre ainsi une existence de fille, d'amie, avec ce laconisme. Ah! madame, où était donc trempée l'arme froide dont vous vous êtes servie?

IX

PRÉCIS DES ÉVÉNEMENS QUI M'ARRIVENT JUSQU'A MON MARIAGE.

—

Le décès de mon père arriva le 19 mars 1810, au moment où une révolution horrible à Naples lui présageait la perte du poste modeste qu'il occupait. Mort en hôtel garni, on mit les scellés sur ses papiers parmi lesquels s'en trouvaient appartenant au ministère de la guerre. Je perdis ainsi ses lettres, et ses manuscrits...

La nuit qui précéda la nouvelle de cet affreux chagrin, j'avais eu un cauchemar : *La lune était tombée sur moi !*...

Ce fut M. Romilly, libraire à Naples, qui se chargea de me donner des détails sur cette fin, arrivée subitement. Il venait de se lever, de commander le thé, boisson qu'il prenait à son déjeuner sans y joindre aucune autre chose. Le domestique le retrouva immobile dans son fauteuil près de sa table; ayant soupiré sans agonie un adieu à la terre, si ingrate pour un aussi bon cœur!...

J'étais si malheureuse des épreuves de ses vieux jours, que je remerciai Dieu de sa providence qui l'appelait à lui!...

L'éducation de Pauline terminée, les pensionnaires furent rendues à leurs parens; madame H. m'engagea à quitter sa maison. Je fus choisie pour faire l'éducation des demoiselles Lopes, chez leur tuteur et oncle, M. Vieyra Molina. C'est M. Normand, avoué, ami de M. Babille, qui me procura cette place avantageuse où je n'eus à me plaindre que de la jalousie des bonnes d'enfans qui, ayant tenu leurs lisières, me persécutèrent comme étant un mentor qui les supplantait. J'avais un appartement agréable à Paris; l'hôtel était rue de l'Odéon; je voyais de mes croisées celles de mon tuteur où logeait aussi madame H**. La maison de campagne était à Fontenay-aux-Roses. C'était un séjour privilégié : les bâtimens et les serres chaudes étaient très remarquables.

Mademoiselle Pauline H**, d'élève et de sœur, était devenue ma fille et mon amie. Elle ne connaissait pas de plus grand plaisir que de se réunir à moi. Elle venait passer auprès de mes élèves toutes les soirées d'hiver. Sa constitution maladive la rendait chère aux jeunes filles que j'élevais et la perfection de sa raison, de son esprit et de ses talens la rendait sacrée aux parens qui trouvaient en elle un modèle à produire comme émulation. Elle se plaçait au-dessus de toute critique et ses infirmités mêmes étaient une égide qui la garantissait de l'envie qui s'attaque aux avantages physiques. On aurait craint de remarquer ses difformités, respectant l'attitude résignée et victorieuse de celle qui en souffrait. Plus elle avança dans la vie, plus nos cœurs semblèrent s'unir; je ne savais pas d'autres liens pour moi dans le monde. Nous devions nous aider dans la vie : moi, dévouée et agissante; elle, stable et comprise dans ses regrets tacites d'une existence manquée matériellement, mais expressive par l'ame.

Je fis graver un cachet ivoire et argent; deux cœurs unis par des palmes de pensées et de violettes portaient cette légende tirée de Métastase :

« *In duo petti stringere un cor.* » Je le lui donnai comme le sceau d'une correspondance journalière entre nous.

Les malheurs de la France désorganisent l'armée. Elle se groupe vers la Loire, elle se reverse dans les familles. Les braves officiers et soldats sans solde, sans emploi, n'ont pour décoration que la devise des vaincus de Pavie : *Tout est perdu, fors l'honneur.*

J'ai revu Charles, sain et sauf, rendu à sa patrie et à sa mère !

Madame H....., de peur d'importunité de ma part, raconte les antécédens de mes liaisons avec son fils, à madame Molina qui s'engage *à surveiller mes visites et à les rendre aussi rares que possible.*

Monsieur Charles H... fut, dès son retour, le cavalier d'une jeune dame nommée Gaussin ; elle était enceinte, séparée de son mari par suite, disait-on, de troubles politiques qui l'avaient exilé de France. Bientôt mère, son enfant est élevé chez madame H... et bientôt elle a l'espoir d'en avoir un second.

C'est alors que je me mariai à M. Nicodami dont le cœur généreux avait voulu me doter et consoler l'inclination d'une jeune fille dont il connaissait les chagrins d'amour.

Je refusai la dot parce qu'elle ne pouvait plus avoir d'emploi par l'indifférence de l'objet. Le bienfaiteur s'étant offert comme époux, je me plaçai sous son adoption bienfaisante.

à Mademoiselle

emoiselle Mozard,

Paris.

Naples, 30 Janvier 1809.

Dans ta dernière lettre, du 15 Xbre, ma
chère amie, tu me demandes avec une
onction vraiment filiale de joindre ma
bénédiction à celle que ma-père m'a donnée
que je t'ai transmise. D'autant plus volontiers
que je préfererais toujour ton bonheur
mien. Je n'hésite pas à te satisfaire, ne
voulant pas avoir à me reprocher qu'il te fût
arrivé quelque chagrin, quelque malheur, que
tu pourrais attribuer au manque de la
bénédiction de ton père. reçois la donc cette
bénédiction que tu désirs, puisse-t-elle
t'attirer de la part de l'Éternel, mille
fois plus de bonheur que je n'en désire pour
moi-même. Puisse-t-elle te rendre heureuse
dans toutes tes entreprises, épouse toujour
chérie & mère fortunée par l'amour & la
sincérité de tes enfans. oui, ma fille, je te
bénis du plus profond de mon cœur, j'invoque
surtout le bienfait de l'Éternel, & sur
tous ceux qui contribueront à te rendre la vie
moins orageuse que ne l'a été celle de ton père.

Tu me demandes des conseils pour te conduire
suivant ceux de ton excellente amie Hendelet,
je ne me permettrais que d'en ajouter un
qu'elle a peut-être oublié, & dont, par une
affreuse expérience, je connais toute
l'importance, c'est, lorsque tu seras épouse
de n'avoir jamais d'autre confident de tes
peines, de tes plaisirs, de tes pensées que ton
mari. toute la morale d'un honnête femme
peut aussi se réduire aux avis que contient
cette ariette si vraie de Silvain, par
Marmontel, qui a été si bon père. « Ne
« crois pas qu'un bon ménage, soit
« comme un jour sans nuage &

ça bien des années que je te l'ai indiqué
... contribuer à ton bonheur si tu n'avais
... ariette, avec accompagnement de *cette*
... la, chante-la, exécute-la surtout ...
... apprends-la à Pauline, & lorsque
... auras des chagrins en ménage, aie ...
... à ton ariette & je suis sûr qu'elle
... consolera.

... paraît m'écrire que vous ne pourriez mettre
... sur les titres de propriété à S. Doming
... dans ma lettre à laquelle il répond, il ...
... ici de ce principaux titres dans l'état ...
... priété des cent carreaux de terre qui
... t'ai donnés, sans parler des 125 carreaux
... le Gouvernement m'avait aussi donnés au
... de ta mère & que je t'ai transmis de
... Je dis à Bab. dans cette même lettre
... des autres titres, les pétitions que nous
... faits toi & moi pour demander les
... du Gouvernement. Nos pétitions sont
... 27 messidor an 13, adressées à M. Miot
... conseiller d'état, chargé du 2e arrondi-
ment de la police générale. dans les bureaux
... qu'il l'a remplacé ou 2e arrondissement
... police générale sont nos pétitions avec
... de propriétaire à S. Dom. on doit
... trouver, sous la date du 27 messidor 13,
... doit être fait à Babille ayant de Bou...
... Il est fastidieux d'écrire longuement
... de n'être pas lu ou de lettre superficiellement
... le fait Bab. mais dans une lettre
... celle-ci je ne veux pas laisser
... l'humeur qui me dévore — Suivant
... circonstance, je t'écrirai amplement sur
... objets & puisqu'avec Bab. il faut se
... fait Dieu même pour être compris, je
... copie de nos deux pétitions à M. Miot

en pièce ne couteront 6 ... Je port
lettre à Bab. aurait suffi, ... et attend
il y a répondu quelques mots, le 15 Xbre en
disant qu'il n'avait qu'un instant pour ...
tandis qu'en ... sa lettre, s'en est trouvé une de
du 23 Xbre, ce qui prouve qu'en 8 Jours
il n'a eu qu'un instant pour me répondre sur des
objets importants. O combien tout cela dégoute!
Vas à la messe à S. Eustache ma paroisse, le
jour que tu recevras cette lettre, si c'est le matin,
ou le lendemain, si c'est le soir, prie Dieu
pour toi & pour moi
    adieu, ma chère amie, Sois heureuse
& tu le seras toute ta vie, si ta félicité
dépend de la bénédiction bien sincère
de ton père Mozard

écris-moi toujours sous l'enveloppe de
M. Combes, intendant général de poste,
à Naples.
il faut que je m'égaie ... par une histoire.
mille respects à Mme Heudelet, mille
amitiés à Pauline, mille compliments
à M. Heudelet & à Babille jeune.
Salut & amitiés à Tonnellier & à Laurent
quand tu les verras. ... ce dernier que
l'araignée nommée tarentule, ... qu'elle
pique, dit-on rend fou & fait mourir, n'existe
pas ni à tarente, ni en Italie c'est en côte,
on dit aut que la danse & la musique guérissaient
de cette morsure, les femmes de ce pays, qui
aiment fort à danser à ... dit ...
se disaient mordues de la tarentule (double
marque ne pouvait être apparente) pour y
les ... danser du matin au soir, c'est où
... côte ... s'est propagé & que nos ...
paris y ont cru.

ERRATA ET NOTES.

GAZETTE DU 30 AOUT 1788;

DESCRIPTION DE L'OURAGAN DU 16 AOUT 1788.

PAGE 14. — *Il m'appelait son Petit Ouragan.*

Cet ouragan s'était annoncé dès la veille par la condensation du mercure dans le baromètre : le 15 à 10 heures du soir, il était à 27 pouces 11 lignes 1/2; à midi de ce même jour, il marquait 28 pouces 1 ligne; le lendemain matin à 5 heures, le mercure était descendu à 27 pouces 8 lignes. La pluie tombait alors, ce qui, au Port-au-Prince, est très extraordinaire à cette heure. Les vents étaient au N.-N.-O. variant au nord; mais à 6 heures ils sautèrent à l'E.-N.-E. variant jusqu'à l'E.-S.-E. et soufflaient avec une extrême impétuosité. A 7 heures, le baromètre descendit encore d'une demi ligne; la violence du vent augmenta considérablement et se soutint ainsi pendant 3 heures 1/2. Dans cet espace de temps, environ un dixième des maisons de la ville du Port-au-Prince furent plus ou moins découvertes; quelques-unes le furent entièrement; plusieurs furent totalement abattues et de ce nombre est la case des nègres du roi. Cet édifice avait 180 pieds de long. Aucun des nègres n'a péri. Le gouvernement a considérablement souffert dans la couverture; les jardins de l'intendance ont été ravagés. Beaucoup d'arbres dans les rues ont été déracinés, emportés à plusieurs pas. La pluie a avarié beaucoup de marchandises sèches qui se trouvaient dans les maisons découvertes par le vent; mais si les pertes des marchands doivent être sensibles à chacun d'eux en particulier, néanmoins elles ne forment pas au total un objet considérable. Les effets de l'ouragan ont été bien plus terribles dans la rade du Port-au-Prince et dans celle de Léogane, ainsi qu'on pourra s'en convaincre par la liste des bâtimens qui se trouvera à la suite de cet article.

Il n'est pas possible de peindre la désolation qui régnait sur le port et dans la ville; chaque instant apprenait de nouveaux malheurs, et pour se former une idée des effets désastreux du vent, il suffit de dire que le 18 on comptait sur les côtes plus de soixante cadavres de blancs et de noirs, qui avaient été engloutis dans les flots et rejetés ensuite sur la grève. Les plus vieux colons ne se rappellent point d'avoir vu un ouragan semblable, et ils en ont trouvé l'horreur aussi grande que celle du tremblement de terre de 1770. Tandis que la vue de ce qui se passait glaçait d'effroi, on tremblait aussi pour les habitations et l'on craignait que le fléau ne se fût étendu sur toute la colonie. On attendait les courriers avec anxiété, et l'on a su par leur arrivée que le vent n'avait causé de ravages que depuis le Mont-Rouïs jusqu'aux Baradaires, et que la ville de Saint-Marc ainsi que la plaine de l'Artibonite avaient très peu souffert. Nous ignorons cependant encore ce qui s'est passé aux Cayes; car, depuis le 13 jusqu'aujourd'hui, 26 août, le courrier de cette partie n'est point arrivé. Dans tous les lieux où le vent a porté, soit dans les villes, dans les plaines ou dans les montagnes, les effets en ont été affreux. A Léogane, beaucoup de maisons ont été renversées, une partie de la couverture de l'église neuve emportée; des ormes, qui équarissaient plus d'un pied, ont été rompus. Le N.-E. avait d'abord poussé à la côte les huit grands navires et les neuf bateaux ou goélettes qui étaient alors en rade, mais le S.-E. les a rejetés au large, et il n'est resté dans le port que la *Nouvelle Ruche*, bâtiment négrier, un accon et une chaloupe. Toute la côte, depuis Léogane jusqu'au Port-au-Prince, était le lendemain couverte de plusieurs cadavres de chevaux et de mulets; on y voyait aussi beaucoup de débris de navires, des boucauds, des barriques et autres objets semblables. Dans ce quartier, au Cul-de-sac, au Boucassin, aux Vases, les habitations ont été dévastées; les bâtimens de plusieurs renversés; ceux mêmes qui étaient couverts en ardoises n'ont pas résisté, et les plombs en ont été emportés à des distances considérables. Les plus gros arbres rompus dans les grands chemins les rendaient impraticables. On y trouvait une foule de nègres éperdus cherchant leurs enfans, leurs femmes, leurs parens qui avaient été emportés par les eaux et les vents; plusieurs de ces malheureux enlevés de terre ont eu les membres rompus en retombant. Les cannes en maturité ont été couchées ou cassées; les jeunes ont été tordues et desséchées; celles qui ont le moins souffert ont été effeuillées. Les désastres dont on vient de lire les détails ont été aussi considérables au petit Goave et à Jacmel; la plupart des maisons ont été découvertes; un grand nombre entièrement renversées. Une goélette où se trouvaient plusieurs nègres et deux bateaux mouillés dans le port de cette dernière ville ont péri. Les vivres de toute espèce ont été détruits ; le manioc seul offre quelque ressource. Les rivières débordées, les ravines converties en torrens ont ajouté aux pertes causées par les vents. Des parcs et les animaux qu'ils renfermaient ont été emportés. A Jacmel et à Nipes, l'eau a couvert entièrement plusieurs habitations. Au mont Rouïs, aux Matheux, au Fond-Baptiste et dans toutes les habitations des montagnes depuis les Vases jusqu'aux Baradères, en y comprenant Jacmel, les cafiers, dont la récolte était prête à se faire, ont été plus ou moins ravagés, cassés, déracinés.

Dans beaucoup d'habitations on observe au pied de ces arbustes un écartement de terre comme si l'on avait voulu creuser une fosse avec une pince. Les bâtimens de plusieurs de ces habitations ont renversé des nègres et des mulets écrasés ; les vivres n'ont pu résister. Le sec, précurseur de cette tempête, en a encore augmenté la rareté. Nous avons sous les yeux une foule de lettres de ces différens endroits, qui ne nous présentent que trop de détails et de certitude sur tous ces malheurs. Les bois debout qui offraient, quelques heures auparavant, la verdure la plus agréable, ne représentaient plus, après le fléau, que les horreurs de l'hiver, par la dégradation des branches et la chute des feuilles. La volaille a dû souffrir beaucoup, car on a vu périr, au Port-au-Prince, des oiseaux qui étaient dans des volières, et beaucoup moins exposés que ceux des savannes.

On a vu par l'ordonnance de MM. les administrateurs, publiée dans la feuille de jeudi dernier, et par l'avis d'administration qui est en tête de celle-ci, les sages précautions qui ont été prises pour diminuer la rareté des vivres.

On avait les plus vives inquiétudes sur le sort d'une

goélette où étaient embarquées madame Janvin, mesdemoiselles de Ponthieu et Sorel, ainsi que plusieurs autres personnes; on a heureusement appris, dimanche dernier, que cette goélette a relâché au môle, après avoir été exposée plusieurs fois à périr. Lorsque la belle communication entre le Cap et le Port-au-Prince sera finie, de pareils malheurs ne seront plus à craindre pour ceux qui ne sont point obligés par état de s'exposer aux dangers de la mer. Si, comme on a tout lieu de l'espérer, les travaux sont continués sans interruption jusqu'au mois de juin de l'année prochaine, les voitures pourront à cette époque se rendre d'une ville à l'autre sans éprouver le moindre obstacle.

Dans le nombre des faits particuliers dont cette journée pourrait nous fournir de tristes récits, nous n'en citerons que deux : M. de Courcel, volontaire de la première classe, officier en second de la goélette du roi la *Philippine*, commandée par M. le chevalier de Falconis, élève de la marine de la première classe, ayant vu tomber à la mer trois matelots de la *Philippine*, qui avaient été envoyés pour secourir un navire marchand, vola sur-le-champ au secours de ces hommes, quoiqu'il courût risque par cette manœuvre d'être coulé bas par tous les bâtimens qui déradaient, et que l'épaisseur de la pluie empêchait de voir. Il eut le bonheur d'empêcher ces trois matelots de périr; mais le vent ne lui permit pas de retourner à son bord, et il fut, ainsi que ceux qui lui doivent la vie, forcé d'aller échouer dans les mangles et les vases de la rivière *Ferron*, et là il fût exposé à de nouveaux dangers. Il resta échoué de cette manière, sans provisions et sans secours, exposé aux vents et à la pluie jusqu'à quatre heures et demie du soir. Une chaloupe passant alors dans cet endroit, l'équipage aida M. de Courcel et son monde à sortir de cette cruelle position dans laquelle cet officier ne s'était mis que par son courage et son humanité. Nous pourrions rapporter plusieurs autres faits qui prouvent combien MM. les officiers dela marine royale ont été zélés pour porter des secours dans la rade pendant tout le temps qu'a duré l'ouragan.

Si l'anecdote qu'on vient de lire a dû exciter l'attendrissement et la reconnaissance, celle qu'il nous reste à rapporter fera frémir.

Sept négresses, qui se trouvaient dans un canot qui a été renversé, se soutinrent sur l'eau à l'aide de quelques débris. Des requins en dévorèrent six, qui étaient ou la mère, ou les sœurs, ou les amies de celle qui a échappé; ainsi cette malheureuse a vu tout ce qu'elle avait de plus cher enlevé sous ses yeux par le sort le plus funeste. Qu'on juge de la douleur qu'elle éprouvait dans cet instant affreux et de la frayeur qu'elle ressentait pour elle-même.

Les réparations ont été faites promptement aux maisons du Port-au-Prince. MM. les administrateurs ont fait sur-le-champ distribuer les nègres de l'atelier du roi, pour accélérer les réparations. Ils auraient désiré que cet atelier fût plus nombreux en couvreurs et en charpentiers, afin que les dommages fussent promptement réparés.

Il ne nous a pas été possible de suivre avec une exactitude rigoureuse les observations physiques que cet événement a pu offrir. Nous avons seulement remarqué qu'à dix heures et demie le baromètre est remonté d'une ligne et demie en un quart d'heure, et vers onze heures le vent diminua beaucoup. A midi l'instrument marquait 27 pouces 10 lignes un quart; à deux heures il est redescendu d'un quart de ligne; quelques nouvelles raffales de vent se sont fait sentir. A quatre heures le vent était faible; le mercure stationnaire à 27 pouces 10 lignes; à dix heures du soir les vents ont recommencé à souffler avec violence de la partie du S. E. jusqu'à deux heures du matin ; il est tombé pendant le jour 23 lignes d'eau ; le lendemain une ligne à Léogane ; le 17, 25 lignes ; le 18, 7 lignes ; le 19, 16 lignes. Au Port-au-Prince, pendant l'ouragan, le thermomètre n'a point descendu plus bas que 17 degrés. On entendait le tonnerre gronder au loin, et quelques personnes en ville et dans les montagnes voisines prétendent avoir senti la terre ébranlée. Nous n'avons jamais vu le baromètre aussi exact à indiquer un mauvais temps que dans cette circonstance, et nous invitons ceux qui possèdent de ces instrumens à prendre des précautions lorsqu'ils verront le mercure tomber de plusieurs lignes dans la même journée.

Le lendemain et le surlendemain de ce jour désastreux, le temps est resté couvert ; mais le mardi suivant, dans l'après-midi, la nature a commencé à se ranimer, le soleil a montré ses rayons, pour donner sans doute aux hommes l'espoir de voir réparer les pertes qu'ils ont éprouvées. »

Mon père fêtait le *jour de ma naissance*, méthode *anglaise* et non *chrétienne. Les fées et les saints* étant des protecteurs, puissances ou ames heureuses, pourquoi mépriser leur culte quand on croit *au ciel* qui est leur patrie ?

PAGE 14. — *J'eus la petite vérole et une dyssenterie.* Mon père me fit sucer des cannes à sucre et me fit boire une tisane d'herbe à balais (sorte de chiendent).

PAGE. 15. — *Anne Veillaton, ma mère... était jolie et avait de l'esprit naturel,* etc. Une des expressions les plus aimables que mon père citait d'elle fut celle qu'elle employa au premier paiement un peu considérable qu'il fit apporter chez lui : la somme de douze mille francs en argent. Ma mère (alors sa maîtresse) courut l'embrasser en l'appelant Monsieur *Gros Sac* : c'était le cas de chanter ensemble un vaudeville alors nouveau, dont les quatre derniers vers étaient :

> Quand ce grand homme allait en guerre
> Il portait dans son petit sac
> Le doux portrait de sa bergère
> Avec la pipe de tabac.

Anne Veillaton était un jeu de mots que mon père faisait souvent.... *Anne veille à ton cœur.*

Page 17. — *L'abolition de l'esclavage.*

Port-au-Prince, gazette du 19 février 1785.

On comptait à Philadelphie, dans le mois de novembre, 13,000 émigrans d'Europe, qui y avaient débarqué pendant le courant de l'année, et la plupart étaient des ouvriers utiles. Le capitaine d'un bâtiment irlandais a gagné 10,000 livres sterling, quittes de toute dépense, en trois voyages qu'il a faits pour transporter des émigrans qui, pour payer leur passage, ont été vendus les uns pour trois ans et d'autres pour quatre, à compter du jour de leur débarquement. On observera que c'est dans la Pensylvanie que ce commerce odieux a le plus de cours et que c'est ce même pays que l'on exalte pour avoir donné la liberté aux esclaves nègres, et que les mêmes habitans, quelque temps après, achètent et revendent des hommes qui pourraient être considérés encore comme leurs compatriotes. Car, enfin, il est très certain que tel Américain qui a acheté un émigrant ou une émigrante peut en faire tout ce que bon lui semble, pendant le temps de son engagement; et une personne nous disait, il y a quelques jours, avoir acheté une jeune Irlandaise

6 guinées, qu'il a cédée ensuite pour 24 bouteilles d'eau des Barbades. Cette même Irlandaise est maintenant au Cap. On répondra, sans doute, que l'émigration est utile, qu'elle augmente la population et que cette espèce d'esclavage à laquelle les émigrans sont condamnés n'est que momentané. Tout cela est vrai; mais ne serait-il pas plus humain de la part des Américains et plus honorable pour eux de faire une loi qui ordonnerait l'établissement d'un fonds public, pour payer le passage des émigrans, qui seraient obligés à rembourser dans un temps fixe ce que leur passage aurait coûté; au lieu de les tromper, en les vendant en arrivant, tandis que, sous les plus belles promesses, on les détermine à s'embarquer, à quitter leur patrie, pour aller dans un pays où ils espèrent avoir tous les objets nécessaires à la vie, et où ils ne trouvent que l'esclavage? Quel parti compte-t-on tirer de gens ainsi trompés et découragés par le désespoir? Croit-on que des malheureux condamnés à servir un maître pendant longtemps se rendront utiles au nouveau pays qu'ils sont venus peupler? Peut-on douter que la nouvelle de leurs misères, en parvenant chez leurs compatriotes, n'arrêtera pas ceux qui auraient formé le dessein de les suivre? Que diront bientôt les écrivains philosophes qui ont fait des phrases si éloquentes pour réclamer contre le commerce des nègres, quand ils apprendront ce trafic infâme des blancs entre les blancs? Le nègre est ordinairement un prisonnier tombé au pouvoir du vendeur, par les lois de la guerre. Ce que le vendeur retire en livrant le prisonnier sauve celui-ci de la mort, ou au moins de l'esclavage, et d'un esclavage plus cruel que celui qu'il éprouve parmi nous dans les fers (1).

_____

(1) Mon père me disait : si j'avais été fait prisonnier en allant prendre possession du consulat, mon sort aurait été affreux sur les pontons en Angleterre.

il s'y attend ; mais l'Irlandais confiant , qui débarque dans les Etats-Unis , croit devoir y respirer l'air pur de la liberté ; il se flatte d'y trouver l'aisance et on ne lui donne que des fers! Le fonds que nous désirerions que les Etats-Unis eussent formé pour jouir des avantages de l'émigration n'aurait pas été fort onéreux, puisqu'en admettant qu'il y a eu 13,000 émigrations pour la Pensylvanie, dans une année , et que chaque émigrant a été vendu 10 livres sterling, l'avance aurait été de 2,925,000 livres tournois. Nous disons *l'avance*, car ce fonds serait rentré au bout de trois ou quatre ans, par le remboursement des émigrans qui , pour être dégagés de toute entrave , se seraient livrés au travail avec ardeur, afin de s'acquitter promptement. Ainsi , en faisant un fonds de 6,000,000 livres tournois , il se serait suffi à lui-même par le remboursement, et n'aurait-on pas pu, pour faire ce fonds , créer un papier-monnaie , qui aurait été anéanti , lorsque les émigrations auraient cessé d'avoir lieu ?

PAGE 21. — *Il fit jeter dans le puits tous ses caractères d'imprimerie , ils s'y fondirent.* Quand mon père fut arrivé à Paris il acheta des caractères pour remonter son imprimerie pensant retourner à Saint-Domingue. La révolution ferma les mers et lui fit perdre l'espoir d'y retourner. Il revendit cette imprimerie à M. Sabonardière. Je me rappelle avoir été souvent grondée de Philippine parce que je m'emparais sans cesse d'un rabot avec lequel j'enlevais des pelures de bois. C'était une jouissance égale à celle de casser mes joujoux et mes poupées pour voir ce qu'il y avait dedans.

PAGE 22. *Je suis Française née à la Colombie. Le colon* domicilié né à la colonie était d'une caste *privilégiée* quoique n'ajoutant pas de particule à son nom.

Page 34. *Vos baisers sont donc comme celui que Virginie donne à Paul* : ceci n'est point exagéré. Cette pièce créole me rappelait mon pays et m'impressionnait agréablement ; la musique est de Kreutz ; celle de *Nina ou la Folle par amour* m'était aussi très facile, et je jouais *Nina*, mettant mes deux mains croisées par derrière en jeune esclave pour exprimer à papa ce que je ferais quand il serait parti pour Boston, chantant *Quand le bien-aimé reviendra !*

Page 62. *Sous les cafiers. Gazette américaine* du 12 mars 1785. *Extrait d'un ouvrage intitulé : Historical account of coffee.*

« Avant le quinzième siècle, on ne trouve dans l'histoire aucune mention du café. Un manuscrit arabe nous apprend que le hasard en introduisit l'usage à Aden, ville de l'Arabie-Heureuse. Gemalledin, mufti de cette ville, se souvenant que les Persans, ses compatriotes, en faisaient usage, y eut recours dans une maladie, et se trouva fort soulagé après en avoir pris. Il reconnut que le café prévenait l'assoupissement sans nuire à la santé, et il recommanda aux derviches de s'en servir afin de pouvoir se livrer la nuit avec plus d'attention et de zèle à leurs exercices de dévotions. L'exemple du mufti donna de la réputation au café et le mit en vogue. Il était à peine connu auparavant en Perse, et on en faisait peu d'usage en Arabie, où croissait l'arbre qui le porte. D'Aden, il passa dans les villes voisines, et les Mahométans, alors religieux observateurs de la loi de leur prophète, s'interdirent l'usage du vin et le remplacèrent par le café ; insensiblement, il se forma des maisons publiques où l'on en prenait en grande quantité, et les dévots de la religion musulmane ne manquèrent pas de s'alarmer et de s'écrier que c'était une transgression de l'Alcoran.

Le gouvernement fut obligé de se mêler de cette affaire et de restreindre l'usage de cette liqueur. Les habitans de Constantinople connurent le café vers 1554, et l'on en vendait publiquement dans une jolie maison qu'on avait construite exprès. Le mufti en défendit l'usage, d'après les clameurs dont nous venons de parler. Cependant, on en prenait toujours dans les maisons particulières; on obtenait des officiers de la police la permission d'en vendre, moyennant certaines conditions, dont la première était de leur payer un tribut. On débarrassa bientôt ce commerce des entraves et des restrictions qu'on lui avait imposées, et l'usage du café devint plus général que jamais.

» On compte que les familles de Constantinople dépensent autant en café que celles de Paris en vin. La coutume de prendre du café est si universelle, que dans ce pays on boit à votre santé avec du café, et que le refus de donner de cette denrée à sa femme est une cause de divorce déterminée par la loi. Le café ne passa en Occident que vers le milieu du dix-septième siècle; les Vénitiens furent les premiers qui en apportèrent du Levant, et la coutume d'en prendre s'établit à Paris et dans le reste de la France en 1669, pendant le séjour qu'y fit l'ambassadeur de Méhémet IV. On a fait usage de cette liqueur à Londres plus tôt qu'à Paris; car en 1652 un domestique grec d'un marchand turc ouvrit une boutique pour en vendre au public à Londres. Les livres des douanes n'en parlent pas avant 1660, et à cette époque on mit un impôt de *quatre pence* sur chaque gallon de café que feraient les limonadiers. En 1675, Charles II ordonna de fermer les cafés, sous prétexte qu'il s'y rassemblait des séditieux. En 1727, les Français en portèrent quelques plants à la Martinique, d'où ils se sont répandus dans les îles voisines; en 1732, on le cultivait à la Jamaïque, et le parlement d'Angletere] publia un acte pour encourager cette branche de commerce. »

PAGE 72. — *Fonctions animales de l'estomac.*

L'organisation du cerveau de l'homme est la parole, émission d'idées créées, miroir de l'univers par les eaux cérébrales, se projetant sur les alimens par la salive pour les actionner comme mains distributives aux membres.

PAGE 81. — Je cite le système Morel, j'en aurais pu citer tout autre, car il y en a mille!

PAGE 81. Id. — *L'habit de prêtre officiant.*

Plus de docilité envers mon institutrice m'aurait mise à même de comprendre plus tôt le Dante et Pétrarque qui peignent tous deux le rayon de l'horloge céleste par la figure.

Je me permets, non de critiquer le traducteur du Dante, mais d'interpréter le poète d'une autre façon que lui dans ces vers :

> Questi non ciberà terra nè peltro
> Ma sapienza e virtute
> E sua nazian sarà tra Feltro et Feltro.

Je crois qu'il faut entendre ainsi :

Questi (ce tout) ne se nourrira ni de terre, ni d'étain argenté (alliage), mais de science, d'amour et de vertu, et sa nation sera entre le *feutre* (chapeau), et le manteau propre à toute saison.

Il traduit : *Sa naissance sera entre Feltre et Feltro.*

PAGE 84. — Mademoiselle L'Héritier, grande pensionnaire chez madame Chevremont, m'appelait *sa fille* : M. son père était *un savant* fort estimé. Il habitait une maison *à lui* dans un quartier de Paris, alors presque désert. Il retira sa fille de pension pour la marier et lui faire tenir sa maison jusqu'à cette époque. Un soir, à dix heures, mademoiselle L'Héritier entend crier à l'assassin, elle court ainsi que ses domestiques au secours de la victime. C'était M. son père !...

Elle épousa M. Tissandier, notaire, dont l'étude était rue Montmartre, vis-à-vis de l'appartement qu'y occupait mon père, n° 108, près de la petite rue Joquelet. Mon père déposa chez lui son testament, avant de partir pour Naples.

Mademoiselle de Brueys, fille de l'amiral qui combattit les Anglais, lors de l'expédition d'Égypte. Au dernier combat naval qui couronna sa valeur, il eut les deux cuisses emportées ; il se fit mettre dans un tonneau rempli de son et continua à donner ses ordres. Le cri de la victoire fut le dernier soupir du triomphateur.

Mademoiselle sa fille aînée, ma compagne de pension, était la filleule de l'Empereur, qui la dota de quarante mille francs. Elle était bossue comme Ésope et avait une jolie figure qu'elle accommodait avec un soin très recherché de boucles de cheveux symétriquement arrangées ; ne se doutant pas de la difformité de sa taille, elle se plaçait toujours la première sur le passage des personnes venant au pensionnat. Elle se maria, devint enceinte, et mourut en donnant le jour à un enfant qui, je crois, survécut à sa mère.

Page 164. — *Madame Chevremont annonçait à mon père qu'elle se retirait à Saint-Germain* — Madame Chevremont n'avait alors que cinquante-quatre ans, et ce fut sans doute la fermeture de sa chapelle intérieure qui la décida à la retraite. La nécessité de conduire par la ville de jeunes pensionnaires exposées à toutes les dangereuses tentations de la vue, nécessité qui, d'après ses principes, mettait la pudeur et la virginité morale à la merci du hasard, la fit renoncer à la carrière de l'enseignement.

Page 165. — *Mon entrée dans une maison de lingerie n'était que provisoire.* — Le lendemain de mon arrivée dans la maison de lingerie, j'eus à subir mon *passage du tropique.* En effet, l'on m'occupa, pour payer ma *bienvenue*, à mesurer et à auner, les bras en croix, un énorme ballot de toile écrue, besogne dont je m'acquittai avec un étonnement chagrin en butte au sourire des demoiselles les plus anciennes. Le jour suivant mon père m'ayant envoyé chercher afin de connaître ma pensée sur ma nouvelle carrière, il me trouva abattue, mélancolique, et à ses questions je répondis que j'avais *en horreur le commerce* et lui contai les épreuves par lesquelles je venais de passer. A ses représentations paternelles j'objectai le désir où j'étais d'embrasser toute autre profession, par exemple, celle de demoiselle de compagnie ou d'institutrice dans une maison particulière.

Mon père me promit de consulter à cet égard les *Petites Affiches* et huit jours après il m'envoya chercher de nouveau à mon magasin pour m'avertir qu'il attendait à deux heures une personne distinguée, qui désirait avoir une demoiselle de compagnie bien élevée, pour l'accompagner dans ses voyages en lui assurant une position avantageuse et honorable. Je remerciai mon père et mon étoile de cet heureux événement et je bâtissais mes châteaux en Espagne, lorsque la bonne introduisit un monsieur d'une quarantaine d'années ayant une mise confortable et de bonnes manières; après l'échange accoutumé de politesses, ce monsieur semble m'agréer pour remplir la place que j'avais sollicitée. Ayant alors demandé si la dame que je désirais suivre avait des enfans: *il s'agit de moi seul,* me répondit-il, *je suis libre, célibataire, et en vous offrant une position auprès de moi*, *je n'ai que des vues honorables.*

A ces mots, mes yeux baissés se remplirent de larmes, et à l'aspect de ma rougeur subite, mon père se leva en disant : « Monsieur, excusez-la, à son âge, elle a encore besoin d'une femme pour lui servir de mentor. »

———

Page   32, ligne 27 ; *adoucir*, lisez ADOUCI.
Page   93, — lisez CHAPITRE SEPT *bis*.
Page 131, ligne 21 ; *éclate* lisez ÉCLOT.

FIN.

www.ingramcontent.com/pod-product-compliance
Lightning Source LLC
Chambersburg PA
CBHW070815270326
41927CB00010B/2428